오늘도
공방으로
출근
합니다

차근차근 오래 가는 작은 가게 만들기

오늘도 공방으로 출근 합니다

이명성

영진미디어

✕
3

다른 공방은 어떻게 지내나요

이 책은 연남동 작은 골목에 위치한 캔들&자수 공방 '이본느모건'을 오픈해서 칠 년 동안 키우고 성장한 소소한 이야기 중 공방을 운영하는 삶을 골라 엮은 책입니다. 길다면 길고 짧다면 짧은 이 시간 동안 크고 작은 일을 경험하면서 얻은 이야기가 공방을 시작하거나 이미 운영하는 누군가에게 함께하는 동료의 마음으로 조금이나마 도움이 되었으면 하는 바람으로 글을 쓰기 시작했습니다. 혹여 저의 조언으로 누군가에게 피해가 되지 않을까, 더 나은 방향으로 가는 중에 괜히 주춤하게 만드는 건 아닐까, 하는 마음에 몇 번이나 쓰던 글을 지우곤 했습니다.

우리 삶에서 경제적인 부분을 빼놓을 수는 없지만 보다 삶을 풍성하게 만드는 것은 그 너머의 무언가일지도 모르겠습니다. 공방과 브랜드를 좀 더 나답게 만들고자 하는 태도로 시작한다면 조금은 더 가벼운 마음으로 오랫동안 공간을 누릴 수 있을 것입니다.

돈을 버는 일 중에 쉬운 건 없는 것 같습니다. 이왕 어려운 일을 한다면 좀 더 나다운 일을 선택하고 스트레스를 받아도 그 스트레스를 즐길 수 있게 되길 바랍니다. 스스로 삶을 이끌어나가서 삶의 중심에 내가 단단히 설 수 있게 된다면 그것 또한 해볼 만하다고 생각합니다.

이본느모건은 연남동 숨은 골목 1층에 위치한 4.5평의 작은 공방입니다. 여유 자본 없이 시작해서 할 수 있는 모든 일을 시도하며 하나하나 영역을 넓혀가다 보니 작은 공방에서 하는 일치고는 다양한 일을 하게 되었습니다. 저희 공방에서 하는 일이 모두 정답은 아닙니다. 가장 좋은 예시도 아닐지도 모릅니다. 다만 이런 방식으로 운영할 수도 있구나, 라며 참고하기를 바랍니다.

"지금 진정으로 하고 싶은 일이 있으신가요?" 물어보면 "네. 저는 정말 하고 싶은 일이 있어요."라고 대답하는 모든 분께 전하는 마음으로 글을 썼습니다. 꼭 정해진 방식이 아니더라도 자신의 삶을 다양한 방향으로 만들어나갔으면 좋겠습니다. 조급한 마음도 잠시 내려두고 마음을 열어 작은 시작을 저와 함께 해보는 건 어떨까요.

이명성

1장

✕
1장

공방을 운영합니다

✕ ✕

공방을 시작했습니다 :
어쩌다 보니 계약을 하더라고요

      몇 년 전, 합정역 근처에 작업실 겸 집을 얻어 한참 작업에 빠져 살았다. 그런데 그해 여름, 전에 없던 거대한 물난리가 났다. 당시에는 주로 종이 작업을 해왔기에 물이 차오르는 동안 모든 그림을 작업실의 가장 높은 곳인 책상 위로 옮기며 발을 동동 굴렀다. 작업에 대한 걱정은 곧 주거 공간으로 옮겨갔고, 축축해서 더는 살 수 없었던 집을 이사하면서 작업을 계속할지, 새로운 일을 찾아야 할지에 대한 고민이 머릿속을 맴돌았다. 형편상 정규직을 찾아야 했고 두 번 정도 이직 후 판매 매장을 관리하는 일을 하게 되었는데, 모범생 체질이라 일단은 큰 생각이나 복잡한 상황을 생각지 말고 당장의 일을 열심히 하자고 마음먹었다. 할 수 없는 일들이 더 많았던 시기인지라 일단 할 수 있는 일부터 하나씩 하기로 했다.

내가 원하는 전업 작가의 모습으로 사는 건 아니었지만 우선은 내가 할 수 있는 일을 찾는 쪽이 더 나았다. 다른 직종의 일을 하며 기분이 전환되는 것도 있었다. 나이가 적진 않았지만, 이것저것 새로 배우며 회사 생활을 시작했다. 사소한 것에도 의미를 불어 넣으며, 일 자체를 즐기기로 했으므로 그다지 불행하다고 느끼진 않았다.

내가 일했던 매장은 서점에 입점한 작은 소품 가게였다. 판매하고 있는 물건에 붙은 라벨이 아쉬울 때면 나의 비루한 편집 실력을 힘껏 불러내 새로운 라벨을 디자인하여 사장님께 권해보기도 했다. 평일 오전이나 마감 시간 즈음에 서점 방문객이 자연스럽게 줄어들면서 매장도 한산해지기 시작했고, 노트북을 열어 일러스트레이터 프로그램을 공부했다. 다양한 책을 뒤적거리며 틈나는 대로 사다 읽었다. 향 제품을 판매하고 있었기 때문에 향기에 관련된 책들은 거의 읽었던 것 같다.

열심히 공부한 덕인지 입점 회사 중에는 매출이 가장 좋았다. 작은 업체였지만 다달이 매출이 오르는 게 보였다. 그래서일까. 판매 직원이 하지 않아도 되는 일을 해도 아무도 제지하지 않았다.

새로운 일을 배운다고 해서 공허한 마음이 사라지는 건 아니었다. 직장 근처를 오가다가 살사 댄스를 배울 수 있는 곳을 알게 되었다. 마침 매장도 점점 안정되고 예전부터 관심 있던 라틴 댄스를 배워보기로 했다. 그렇게 덜컥 살사를 시작했다. 제대로 발이나 뗄 수나 있을까 두려워하며 문을 열었는데 웬걸, 살사를 시작하고 나서는 순식간에 춤에 빠져들었다. 사는 게 이렇게 즐거울 수도 있구나, 라고 생각이 들었다. 매사에 진지한 편인 나는 살면서 '논다'라는 의미를 잘 몰랐던 것이다.

그동안 '쉰다'는 의미도 잘 몰랐는데 그 개념도 조금 알게 되었다. 사실 쉬는 걸 그다지 좋아하지 않았다. 늘 쉬는 시간이 아깝다고 생각해서 틈나는 대로 손을 움직여 뭐라도 만들거나 무언가를 기획하며 살았다. 그렇게 무언가를 하는 것이 더 즐거웠기 때문에 배울 수 있는 모든 일을 전부 내 것으로 흡수하고 싶었다. 심지어 잠자는 시간이 아까워 짧은 시간에 숙면하는 법을 알아보며 어떻게든 조금이라도 덜 자려고 했다.

그런 나에게 살사는 노는 즐거움을 처음으로 알게 해줬다. 노는 즐거움은 성취감에서 오는 즐거움과는 달랐다. 성취감은 자신감으로 연결된다면 노는 즐거움은 행복으로 연결되어 나를 더 생기 있는 사람으로 만들었다. 자꾸자꾸 즐겁다 보니 더 즐겁게 살고 싶다는 욕심이 생겨나기 시작했다.

꼭 그림을 그려야만 하는 삶이라고 생각했는데 아니어도 괜찮다는 생각이 들었다. '그림 그리는 사람'에서 '그림을 그리지 않는 사람' 혹은 '내가 원하지 않던 삶을 사는 사람'으로 나를 새로운 시각으로 보기 시작했다. 그동안 내가 나를 즐겁지 않은 상황에 일부러 가져다 놓았다는 사실을 깨닫고 충격을 받았다. 나 자신을 내가 가장 모른다고 생각했다. 이제부터 내가 정말 즐겁게 할 수 있는 일이 무엇인지 진지하게 고민하기 시작했다.

가장 먼저 든 생각은 다시 작업을 시작하는 것이었다. 적게 벌더라도 제일 즐거운 일을 통해 돈을 벌고 싶었다. 어차피 열심히 일할 계획이라면 나를 위해 일하고 싶었고 매출은 시간과 노력이 뒷받침해 줄 거라 믿었다. 그런 경험은 판매 경험직을 통해 확실히 배웠다. 오랫동안 고민하다 결국 습관처럼 작업실을 먼저 구했다. 처음에는 공간만 생겼으면 했는데 전면 유리로 된 1층 건물을 보고는 다른 자리는 눈에 들어오지도 않았다. 아직 퇴사도 하기 전이고 상가 건물은 계획에 전혀 없었기에 일주일 정도 고민해 보기로 했다. 만약 마음에 드는 작업실이 나타나지 않으면, 한 달 정도는 쉬면서 그동안 그렇게 하고 싶었던 '제주 살이'를 해보겠다던 내 소망은 작업실 계약서에 도장을 찍으면서 흩어졌다. 작업실 용도로만 알아보다 공방도 겸할 수 있는 곳을 얻었다. 공방을 오픈하기 전부터 소소하게 드로잉 강의를 하고 있었고, 캔들 만드는 작업도 꾸준히 해왔기에 이 모든 일과 그림 작업을 병행할 수 있는 공간을 생각하다 보니 '공방'을 꾸리게 되었다. 공방이라는 형태는 운영자의 마음에 따라 공간이 변한다. 작업실이 될 수도 있고, 판매장이 될 수도, 수업을 듣는 공간이 될 수도 있는 것이다. 내가 만든 공방은 뚜렷한 성격을 만들지 않고, 할 수 있는 모든 일을 펼쳐보는 곳이 되길 바랐다.

공방을 계약하던 당시 서른두 살이었다. 20대 때는 작업만 하느라 돈을 많이 모으지 못했지만 어찌어찌 보험 대출과 모은 돈을 탈탈 털어 공방을 계약했다. 당장 공간이 생겼으니 이젠 숨만 쉬어도 돈이 나간다고 생각하는 게 편했다. 공방에는 지인에게 얻은 책상 한 개와 거울, 어디선가 주워온 서랍장 하나, 가지고 있었던 패브릭 더미, 이전 가게 사장님이 놓고 간 책장과 의자를 두었다. 그리고 내가 만든 캔들과 나무 상자, 종이 상자가 작업실을 메웠다. 주인 할머니는 대체 내가 뭘 하는 사람인지도 몰랐지만 저렇게 어설프게 시작하면 육 개월도 못 버틴다고 생각했다(고 나중에 얘기했다).

지금 떠올려봐도 막막한 시절이었다. 지금 알고 있는 만큼 그때도 알았더라면 시작도 못 했을 만큼. 당장 그달에 내야 할 공방과 집 월세도 없었다. 주변에 공방 오픈을 이야기할 때마다 다들 걱정스러운 표정으로 말렸지만, 이미 마음을 굳힌 나를 말릴 수 있는 사람은 없었다. 무모했을 수도 있었으나 나의 용기는 삶사를 즐기는 동안 차곡차곡 쌓인 즐거움으로부터 나왔다. 그리고 살맛 나는 즐거움을 맛본 이제부터라도 좀 더 제대로 즐겁게 살아야겠다는 욕심도 한몫했다. 가장 큰 용기는 나를 전적으로 믿는 것뿐이었다. 사실 지금도 신기하다. 대체 어디서 이런 용기가 생겨났을까. 그래서 아직도 가끔 되뇌는 말이 하나 있다. "어떻게든 되겠지요."

뭐부터 시작할까 :
길을 잃을 때마다 찾아보는 마인드맵

말 그대로 갑자기 공방을 오픈하게 됐다. 오픈 일주일 전, 공방 운영에 관한 이야기를 나눠볼까 해서 사업을 해본 지인을 만나기로 했다. 일도 그만뒀겠다, 시간이 남아 약속보다 두시간 먼저 도착해 앞으로 해야 할 일들을 적어보았다. 계획표라고 이름 붙였지만 낙서에 가까웠다. 'To Do List'를 만들 듯 적어 내려가다 보니 생각보다 일의 종류가 많아 수직으로 써 내려가기에 불편했다. 공방을 열면 무엇을 하고 싶은지, 무엇을 해야 할지를 순서 없이 적다가 종류별로 선을 그려 대분류를 나누어 적고 거미줄을 엮듯이 가감 없이 쓰다 보니 종이 한 장이 금세 채워졌다. 그때 그린 마인드맵 한 장이 앞으로 내가 길을 잃을 때마다 찾아볼 지도가 될 줄은 몰랐다.

보통 마인드맵이라고 알려진 클러스터 기법은 자기검열 없이 자유연상으로 단어들을 나열해 생각을 정리하는 방법이다. 내가 하고자 하는 방향이 무엇인지 한눈에 파악하기 좋다. 클러스터 기법은 그 자체가 자연스럽게 이루어질 때 가장 훌륭하게 만들어지므로 대부분 오 분이 채 걸리지 않고, 연상 작용이기 때문에 잠재의식이 표면화되도록 도와준다. 핵심적인 키워드를 시작으로 연상되는 모든 가능성을 나열하다 보면 이리저리 분산되어 있던 생각이 정리되면서 선명해지는 것이다. 머릿속에 엉켜 있던 생각들을 단어와 문장으로 정리하다 보니 공방에서 하고자 하는 방향성이 무엇인지 점점 명확해지고 구체화됐다.

공방의 아이템이 정해졌다고 하더라도 정리 단계 없이 무조건 진행한다면 지향점이 무엇인지 정확히 파악하기가 어렵다. 그렇게 되면 일의 순서를 정하거나 구체적으로 어떤 일을 실행해야 하는지 체크할 수가 없다. 혹은 지향점을 너무 명확하게 정해버려서 열려 있는 수많은 가능성을 배제한 계획만 나올 수 있다. 그렇기에 마인드맵처럼 계획을 정리하는 시간을 통해 현재 상태를 파악하고 세세하게 정리하여 일의 우선순위를 정하는 것이 좋다. 혹시 생각지 못했던 변수가 생겨 일이 변경되더라도 마인드맵을 통해 중심을 잡는다면 흔들리지 않게 된다.

노트를 꺼내 나는 왜 공방이 하고 싶은지 적어보자. 노후를 대비하기 위해서, 지금 하는 일이 나와 맞지 않아서, 공방 운영이 꿈이라서, 친구가 오픈해서, 손으로 만드는 걸 좋아해서 등 다양한 이유가 생각날 것이다. 이에 조금 더 구체적인 이유를 적어보자. 예를 들어 '지금 하는 일이 나와 맞지 않아서'라면, 지금 하는 일이 어떤 부분에서 왜 맞지 않는지를 조금 더 깊이 고민해 보자. 공방을 오픈하게 되면 하고 싶던 일을 하게 되지만 그 일을 유지하기 위해 회사 생활과 똑같이 하기 싫은 일도 해야 한다. 하지만 공방에서는 해결 방법을 조금 유연하게 바꿀 수 있다. 현재의 일이 나와 맞지 않는 건, 일 자체가 아니라 함께 일하는 사람 때문일 수도 있다. 한 번 더 생각해 보면 사람을 대하는 일 자체가 맞지 않을 수도 있다. 이럴 경우 수업을 하거나 판매를 겸하는 쇼룸의 공방 형태가 아니라 작업실 공간만 갖추고 판매는 온라인을 통해서 진행하고, 수업도 온라인 플랫폼을 이용하는 계획을 짤 수 있다. 이렇게 된다면 무조건 공간을 계약할 것이 아니라 집안의 구석 공간을 활용해 소규모 작업실부터 시작할 수 있게 된다.

공방은 없던 것을 만드는 일이다. 나름의 규칙이 있지만 모든 일이 그렇듯 정답은 없다. 세상은 계속 변화하고 공방도 수많은 변화의 흐름을 따라가야 하겠지만, 중심이 흔들리지 않으려면 그럴수록 '왜 공방을 하고 싶은지'가 명확해야 한다. 일단 '나'에 대한 마인드맵부터 그려보자.

A. '나'에 대한 마인드맵

: 이 마인드맵은 거울을 비춰 나를 안팎으로 들여다보는 느낌으로 적어보길 권한다. 좋아하는 것부터 싫어하는 것까지 남들에게 말하기 무색한 시시콜콜한 것까지 모두 적어본다. 누군가에게 보여주려고 하는 것이 아니라 '나'를 더 명확하게 정의 내리기 위해서 그려보는 마인드맵이다.

B. '아이템'에 대한 마인드맵

: 공방 '아이템'의 가능성을 적어보자. 아이템으로 어떤 프로젝트를 하고 싶은지, 어떤 점이 매력적인지, 사람들이 이 아이템으로 어떤 경험을 갖길 바라는지, 상상은 제약이 없다. 떠오르는 만큼 적어보자.

C. '공방 운영'에 대한 마인드맵

: 공방 운영 방식이나 모양새에 대해 그려보자. 어떤 프로젝트를 기획하고 싶은지, 인테리어는 어떻게 할지, 위치는 어디로 할지 등 예산은 고려하지 말고 내가 하고 싶은 대로 적어보자. 인터넷에서 찾은 이미지를 출력해서 붙여도 좋다. 엉뚱하거나 관련 없는 단어라도 상관

없다. 선을 하나 쓱 그려서 추가하면 그만이다.

D. '현재 내가 할 수 있는 일'에 대한 마인드맵

: C 마인드맵을 반영해서 지금 내가 '당장' 할 수 있는 일을 적어보자. 상상대로 마인드맵을 그리다가 막상 지금 할 수 있는 일을 적으려고 하니 생각보다 할 수 있는 일이 많지 않아 당황스러울 수도 있다. 하지만 초기에는 당연한 일이다. 냉정하게 당장 내일 시간이 난다면 현재 가지고 있는 예산으로 실행할 수 있는 일 위주로 작성한다. 어떤 일을 할지 잘 모르겠다면 C 마인드맵에서 적은 내용 중 현실화할 수 있는 일들을 하나씩 적어나가면 된다. 나의 현재 상황을 정확히 파악한다면 한 발 한 발 잘 내딛을수록 공방의 시작이 눈앞에 다가올 것이다.

C와 D 마인드맵의 사이에 놓인 간극이 바로 채워나가야 할 To Do List가 되는 것이다. 항목을 하나씩 해결해 나가다 보면 생각했던 것과 다를 수도 있고 계획이 변경되기도 한다.

내가 처음 그린 마인드맵은 위 네 가지 마인드맵이 비빔밥처럼 버무려져 있었다. 일하는 순서라던가 할 수 있는 일과 없는 일들이 구분도 없이 적혀 있었다. 그 결과 공방을 시작하고 몇 년을 주먹구구식으로 되는 대로 처리하다 보니 결국 일에 치이고 말았다. 정갈한 나물 한상을 받으면 취나물은 취나물대로 꼭꼭 씹어 맛을 음미하고 고사리는 고사리만 먹어야 본연의 맛을 느낄 수 있는 것처럼, 한 가지 일을 잘 마무리하고 다음 반찬을 먹어야 하는데 급한 마음에 몽땅 비벼서 하루에 한 입씩 다 해결하려다 보니 체하기도 하고 맛을 제대로 느낄 수 없게 되었다.

순서대로 마인드맵을 그리게 되면 일의 순서와 방향이 자연스럽게 파악된다. A와 B를 통해 공방 아이템과 방향을 결정했다면 C와 D를 통해 구체적으로 무엇을 할지가 명확해진다. 생각까지는 쉽지만, 그 생각과 아이디어를 실제 행동으로 옮기는 일은 생각보다 만만치 않다. 보통은 시간이 없거나 마음 또는 경제적 여유가 없어서 행동하지 못한다고 여긴다. 하지만 하고 싶은 일이 구체적이지 않아 어떻게 시작해야 할지 몰라서 두려운 경우가 대부분이다.

차례대로 네 가지 마인드맵을 그려보자. 그리고 소소하게 할 수 있는 일부터 하나씩 해나가자. 만약 지금부터 하지 않는다면 내년에도 오늘과 똑같은 고민을 하고 있을지도 모른다.

마인드 맵으로 미래의 내 브랜드를 그려본다.

제품, 구성, 느낌, 형태 등

공방 방향성

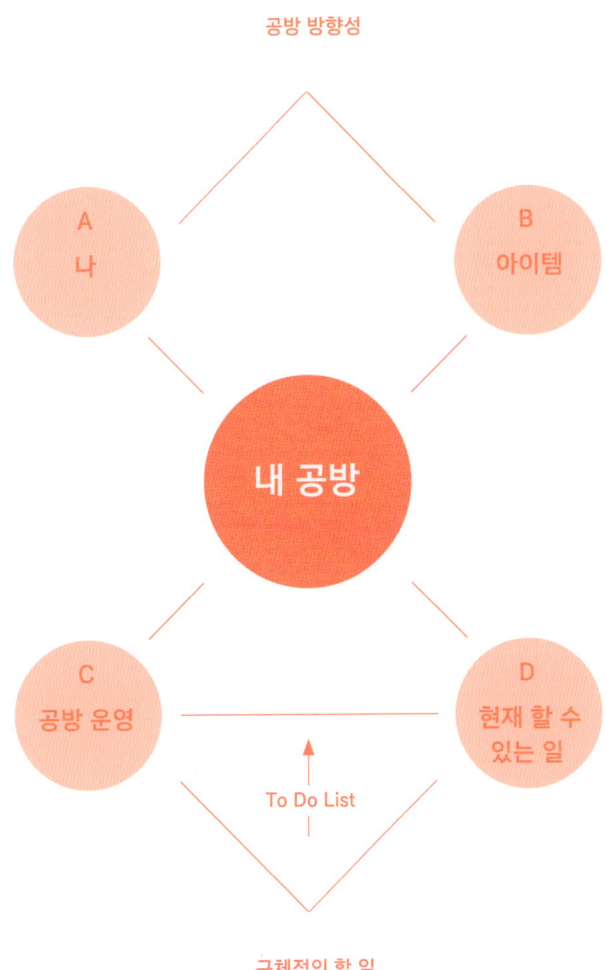

A
나

B
아이템

내 공방

C
공방 운영

D
현재 할 수
있는 일

To Do List

구체적인 할 일

브랜드 이름은 어떻게 만들지 :
'이본느모건' 어렵지 않아요

2003년, 휴학하고 영국에서 구 개월을 머물렀다. 여러 가지로 새로운 경험이었는데, 그중에서도 내 이름에 대해 생각하게 된 계기가 있었다. 이름에 모두 받침이 있어 그런지 외국인이 발음하면 '이명성'이라는 본래의 이름은 어디론가 사라지고 "미용-성"만 남는다. 처음 만나거나 이름을 묻는 경우에 몇 번 되묻다가 결국 다들 포기하고는 보통 "리"라고 부르곤 했다. 괜한 반발심으로 줄인 이름 대신 내 이름은 이명성이라고 그토록 외쳤다. "My name is MyungSeong Lee!"

그러다 우연히 〈허슬〉이라는 사기꾼 집단이 나오는 영국 드라마를 보게 됐다. 사기꾼 그룹에는 빠질 수 없는 섹시한 여배우도 있었다. 신나게 사기 치는 과정에서 그 배우의 이름을 물어보는 대사가 마음에 박혔다. 그녀가 마치 자기 이름인 듯 천연덕스럽게 대답한 이름이 바로

'이본느모건YvonneMorgun'이다.

여성스럽고 프랑스어 뉘앙스를 풍기는 '이본느'와 터프한 남자 이름 같은 '모건'이 합쳐진 이름이라니. 드라마 속 작명 센스에 감탄하다 언젠가 기회가 되면 나도 저 이름을 써보겠다고 다짐했다. 20대 내내 나의 성격은 남성적이라고 생각하며 살다가, 언젠가부터 숨길 수 없는 내 안의 여성성을 발견하고 놀랐던 게 떠올랐다. 그래, 내 영어 이름은 이걸로 하면 되겠다. 이때부터는 영어 이름이 뭐냐고 물어보면 "모건"이라고 대답했다. 그리고 공방을 오픈하기로 하고 나서는 자연스럽게 풀 네임을 사용했다. 종이에도 적어 보고, 타이핑도 쳐서 눈으로 확인했다. 이본느모건 글자를 보며 입으로 소리 내 말하니 입에 붙고 애정이 더 샘솟는다.

단순히 드라마에 나온 예쁜 이름을 가져온 것이라 생각할 수도 있지만 한편으로는 내가 선택한 나를 반영하는 이름이기도 했다. 이름을 들은 지인들은 너무 어려운지 갸우뚱하기도 했다. 어떻게 읽어야 하냐며 물어오는 경우도 있다. 하지만 나를 투영한 거울 같은 이름이었기 때문에 이름을 다시 알려주거나, 그 스토리를 얘기해 주는 것은 오히려 즐거운 일이었다. 그 스토리를 들은 사람치고 브랜드 이름을 기억하지 못하는 사람은 많지 않았다. 이름만 얘기해 주는 게 아니었기에 가능했으리라고 짐작한다.

이본느모건이 예쁜 이름이고, 나를 잘 반영하고, 브랜드와 어울리기 때문에 좋은 이름이기도 하지만 영문만 적혀 있으면 잘못 읽는다든가 (가독성 문제) 아무리 이야기해도 한 번에 전달되지 않는다든가, 익숙지 않아서 기억이 안 난다든가 하는 단점도 있는 이름이기도 하다. 그렇다면 공방의 이름은 어떻게 지어야 할까?

브랜드명의 핵심은 세 가지다. 간단하고(짧고), 발음이 귀에 잘 감기고, 들었을 때 기억에 남는 이름이 가장 좋다. 거기에 조미료를 더하면 공방의 감각과 잘 어우러지는 이름이다.

　이름을 지을 재료는 하고자 하는 일과 연관된 것, 공방의 방향성, 작게는 내가 좋아하는 것 등이 될 수 있다. 재료를 정리하는 가장 좋은 방법은 공방 아이템에 관한 연혁을 정리하는 것이다. 왜 관심이 생겼는지, 그 관심은 어떤 상황에서 시작되었는지, 아이템의 생김새와 특징 등을 세세하게 나열하다 보면 그 안에서 힌트를 얻을 수 있다.

　사탕 공방을 오픈한다고 가정하고 내가 만들고자 하는 제품이 '사탕'이라고 대입해서 생각해 보자. 사탕은 그저 단맛만 나는 간식일 뿐이라고 생각했는데, 어느 날 친구가 선물해 준 사탕을 먹어보고는 작은 사탕이 나에게 이런 행복을 줄 수 있구나, 라고 깨달았다. 이 행복을 다른 이들에게도 전하고 싶어 사탕 공방을 차리게 되었다. 공방의 스토리가 이렇게 나왔다면 공방의 이름을 지을 때 생각할 만한 재료로는 이런 것들이 있다.

　　사탕을 알게 된 시간 또는 계절
　　좋아하는 사탕의 색
　　사탕 맛에 감동한 장소
　　내가 만드는 특징과 사탕이라는 단어의 조합

　계속 만들다 보면 어느 정도 마음에 드는 조합이 나오게 마련이다. 이전에 그려본 마인드맵도 도움이 될 수 있다. 또는 '사탕'이라는 단어가 전혀 들어가지 않아도 상관없다. 내가 가장 행복을 느끼는 장소와 다른 단어의 조합도 좋다. 계절, 컬러, 온도, 형용사 등을 단어와 조합하다 보면 멋진 단어가 만들어지기도 한다.

　영화 〈클로저〉에서 나탈리 포트만의 연기를 좋아한다. 영화 속 그녀는 다양한 역을 연기하는데 그중에서도 그녀의 매력이 가장 돋보이도록 만드는 색은 핑크색이었다. 언젠가 '핑크 나탈리'라는 향을 블렌딩해 캔들을 만들고 싶다. 이런 식으로 색과 사람 이름을 조합해도 멋진 이름이 나오기도 한다. 지금 결정한 이름이 썩 마음에 들지 않아도 괜찮다. 다시 재료를 들여다보고, 놓친 재료들이 없는지 꾸준히 생각하다 보면 '이거다!' 싶은 이름을 만나게 된다. 어쩌면 평생을 함께할 이름인데 순식간에 만들 수는 없지 않은가.

혹여 이름을 지어서 잘 쓰고 있는데 더 마음에 드는 이름을 만나게 될 수도 있다. 그렇다면 새로운 이름으로 바꾸고 원래 사용하던 이름을 프로젝트명으로 바꿔서 활용해도 좋다. 이미 공방이 유명해진 상황이라면 로고부터 전체 콘셉트까지 전부 변경해야 하니 새로운 이름으로 바꾸는 일은 굉장히 번거롭고 부담스럽다. 그러니 지금 다양하게 시도해 보자. 이런 시도가 소규모 사업, 혹은 시작하는 브랜드의 큰 장점이기도 하다. 시도해 보고, 아닌 것 같으면 큰 경제적 손실 없이 바꿀 수 있다(조금 웃프지만 바꿨는지 아무도 모를 수도 있다)!

이본느모건의 로고는 조금 독특하게 만들었다. 나에게는 반려묘인 '리차드'가 있다. 고양이를 너무 키우고 싶은데 경제적 능력도 없고 나보다 먼저 무지개다리를 건널 생각을 하면 도저히 견딜 수 없을 것 같아 장기 탁묘만 하던 시절이 있었다. 그러던 중 우연히 길고양이 리차드를 구조하게 되었는데 말썽도 안 피우고, 조용하고 착한 이 아이를 데리고 있다 보니 입양 보낼 시기를 놓쳤다. 그렇게 묘생을 함께할 리차드가 나에게로 왔다.

이 년쯤 지났을까, 지인이 애지중지 키우던 강아지가 무지개다리를 건넜는데, 너무 힘들어하는 모습에 언젠가 닥칠 나의 상황이 대입되었다. 지금은 아니지만 나중에라도 리차드가 별이 된다면… 마음의 준비를 해야 하니 리차드의 일상을 블로그에 기록해야겠다고 마음먹었다. 그때 만든 블로그의 로고가 현재 공방의 로고다. 로고는 리차드의 코를 옆에서 바라본 모양으로 만들었다. 당시 워낙 아로마에 심취해 캔들을 만들기 시작했기 때문에 직관적으로 코가 눈에 들어왔다. 공방을 시작했을 때 리차드에게 정중히 "엄마가 이거 공방 로고로 써도 될까?"라고 물어보고 그대로 가져오기로 했다. 원래 무응답은 긍정의 표시 아닌가?!

"이 로고 모양은 새를 본뜬 건가요?"

"로고 무늬는 얼룩인가요?"

수업을 들으러 오는 수강생들이 많이 물어보는 질문이다. 지금 키우고 있는 고양이 코라고 설명하면 고양이를 키우는 분들은 "어머 정말이네요."라고 답하는 경우도 종종 있지만 "응?" 이런 뉘앙스가 돌아오기도 한다. 모양을 뚜렷이 알아보기 쉽게 만들어 100% 전달되는 것도 중요하지만 로고의 기원을 설명해서 동물과 자연을 사랑하고 동물보호에 신경 쓰고 있다는 뉘앙스를 전달하는 것에도 뿌듯함을 느낀다.

요즘에는 타이포그래피로 만든 로고를 많이 사용하기도 한다. 의미 전달에도 좋고 배열이나 크기를 다르게 해서 다양한 곳에 활용하기도 좋기 때문이다. 브랜드 이름에 대한 고민과 더불어 로고 디자인에 대한 고민도 하기 마련인데, 텍스트 로고를 만들었는데 부족하다고 생각된다면 별도로 이미지로 된 로고 디자인 작업을 의뢰하거나 직접 만드는 것도 방법이다. 만약 이름에 대한 확신이 들지 않거나 정체성이 확립되지 않았는데 무리하게 로고를 만들면 아쉬움이 남아 재작업을 하게 될 수도 있다.

이름을 정하고 나면 주변 지인들에게 의견을 묻게 될 텐데, 물은 사람을 생각해서 무조건 긍정적인 피드백을 주는 지인들도 있지만 "이상한데?" "무슨 말인지 모르겠어."와 같은 솔직한 피드백을 받기도 한다. 아무리 이름에 확신이 있더라도 이런 부정적인 피드백을 들으면 바로 '아, 진짜 별로인 걸까?'라며 움츠러든다. 별로인 것 같은 마음이 점점 커져 이름을 바꾸고 싶다고 생각하기도 한다. 이런 일을 방지하기 위해 자신이 지은 이름에 확신이 필요하다.

체계적인 시스템과 구조로 만들어지는 브랜드는 다르겠지만, 공방과 같이 소자본 창업자들의 브랜드는 입었을 때 내 옷을 입은 것처럼 자연스러워야 한다. 남들에게 보이는 모습이 아닌 진짜 내 모습을 보고 또 들여다봐야 내가 가진 재료들을 찾을 수 있다. 그렇게 찾은 재료들로 딱 알맞은 이름을 짓기 바란다.

공방에 진짜 필요한 세 가지 :
품질, 직원, 도전

어렸을 때부터 무언가를 만드는 과정은 늘 흥미로웠다. 완제품을 볼 때면 그게 무엇이든 어떻게 만들었는지 늘 궁금했다. 평소 영화를 즐겨 보는데, 다큐멘터리 역시 좋아하는 장르 중 하나다. 요리에 한참 빠져 있을 때 국내외 요리 프로그램을 종류에 상관없이 섭렵했다. 그러던 어느 날 눈에 들어온 다큐멘터리가 있었다. 백 년 동안 유지한 기업의 장인정신과 제품, 철학을 다룬 다큐멘터리였다. 순식간에 100회나 되는 다큐멘터리를 모두 봤다. 음식뿐만 아니라 오르골, 향수, 시계 등 다양한 분야의 가게들이 백 년의 세월을 이어오고 있었다.

다큐멘터리 스토리 구성은 이랬다. 본사로 찾아간 인터뷰어를 기업의 대표가 직접 맞이한다. 함께 본사를 둘러보며 회사의 역사를 설명한다. 대표는 일하고 있는 모든 직원에게 인사를 하며 안부를 묻는다. 생일인 직원이 있으면 그냥 지나치지 않고 오전이나 점심시간을 활용해 모두가 생일을 축하한다. 그리고 기업에서 다루는 제품을 설명하는데 그들이 가장 강조하는 점은 품질이다. 백 년이라는 세월 동안 운영하면서 제품의 품질을 지키기 위해 노력해 왔으며 앞으로 어떤 비전이 있는지 구체적으로 설명한다. 물건의 주문량이 아무리 많아도 품질에 지장이 생길 정도면 절대 생산하지 않는다. 또한, 시대에 뒤쳐지지 않고 다양한 시도를 하며, 도약과 발전을 원한다는 포부로 프로그램은 마무리된다. 유럽과 아시아, 업종과 제품에 따라 약간의 차이가 있지만 세계 100년 기업이 공통으로 지키고 있는 가치는 세 가지로 요약할 수 있다.

1. 첫 번째는 제품의 품질이다. 돈을 더 많이 벌 수 있음에도, 그들은 품질을 포기하지 않는다. 부의 유무와 상관없이 그들이 얼마나 제품에 자긍심이 있는지 확인할 수 있는 대목이다. 기계식 장비를 들여올 때도 이윤을 기준으로 설비하지 않고 이전 품질과 최대한 똑같이 생산할 수 있게 장비를 들인다.

2. 두 번째는 복지가 좋다. 서로의 가치를 인정하며 일한 만큼 수익을 나눠가며 함께 성장하는 기업을 꾸린다. 경제 위기가 닥쳤을 때 월급 지급을 미루거나 퇴직을 강요하기보다는 함께 버텨본 후 시장이 활성화되면 서로의 노고를 보상하는 방식으로 경영진과 직원간의 화합을 통해 기업을 유지한 사례를 볼 수 있다. 또 직원의 자녀들도 취직해서 함께 일하기도 한다. 3대 사장과 2대 직원이 함께 있는 장면은 부러울 정도로 훈훈하다.

3. 세 번째는 끊임없는 도전이다. 100년 기업 대부분은 신제품 사업부를 두고 어떻게 하면 기업의 스타일을 고수하면서 시대에 뒤떨어

지지 않고 새로운 세대에도 흥미를 끌어낼 수 있는지 고민한다. 신기술을 도입하기도 하고, 새로운 유통 라인을 개설하면서 끊임없이 도전한다.

　　이 다큐멘터리를 볼 당시에는 내가 공방을 만들 거라는 생각은 전혀 하지 않았다. 하지만 마치 교양 과목을 이수한 것처럼 반복 학습되었던 모양이다. 공방을 오픈하고 캔들을 만들고, 자수 클래스를 구성하는 과정에 백 년을 이어온 기업의 기본 운영 방식이 자연스럽게 스며들었다. 공방을 시작하면서 이 일은 평생 할 일이라고 생각했다. 그렇다면 내년, 혹은 다음 달만 생각할 수는 없다. 잠깐 운영할 곳이라면 당연히 품질도 유지할 수 없고, 잠시 일할 직원을 신뢰하기도 힘들 것이다. 일 년 정도 해보고 안 되면 포기할 거라고 생각한다면 그 과정에서 얼마나 많은 새로운 시도를 할 수 있을까? '일 년 동안 버텨야지.'라고 생각하는 것과 '백 년을 버텨야지.'라고 생각하는 태도의 차이는 생각보다 크다. 나의 공방이 3대가 운영하는 브랜드가 되면 좋겠지만 그보다는 백 년 동안 기억되는 브랜드가 된다면 그것만으로도 충분히 멋지지 않은가.

공방을 구할 때
살펴보자

공간을 구상할 때는 콘셉트를 먼저 잡고 그에 맞게 전체적인 모양새를 구성하는 방법과 천천히 하나씩 채워가는 방법 두 가지가 있다. 목적과 예산, 기간에 따라 선택은 다를 수밖에 없지만 현재 조건에 맞는 방법으로 채워나가면 된다. 공방을 계약할 때는 자신이 원하는 조건과 공방의 목표가 확실할수록 좋다.

알아두자

- 제반시설(냉장고, 에어컨, 책상 등) 관련 비용을 통상적으로 '시설비 또는 권리금'이라고 칭하는데 이전 세입자와 협의해서 보증금, 월세와 상관없이 추가로 지불하기도 한다.
- 관리비가 있다면 어떻게 책정되는지 살펴본다. 가령 수도세가 포함되어 있는지, 정기적으로 청소해 주는 관리가 있는지 꼼꼼히 짚고 넘어갈 필요가 있다. 종종 무턱대고 관리비를 요구하는 경우가 있는데 왜 관리비가 드는지 확인하면 협상이 가능하기도 하다.
- 네이버 카페 '문화상점' '피터팬의 좋은방구하기'에 가입해 원하는 지역의 매물을 살펴보자. 타이밍이 좋다면 조건에 맞는 좋은 매물을 만날 수도 있다.
- 공간이 전체적으로 깔끔하게 정돈되어 있다면 사실상 인테리어의 반은 한 셈이다. 지저분해 보이더라도 벽이나 천장, 바닥이 깨끗하다면 원하는 색의 페인트를 칠하거나 패브릭, 커튼을 활용한 간단한 인테리어가 가능하다. 정돈되어 있지 않은 공간을 계약

하게 되면 공사 비용이 추가될 수 있으니 자본이 많지 않은 경우 최대한 깔끔한 공간을 고르는 것이 좋겠다.

- 벽이 나무인지 시멘트인지 확인하지 않으면 추후 인테리어 시공에 많은 영향을 미친다. 가령 선반을 설치하려고 했는데 벽 자체가 약하면 선반의 무게를 견디지 못할 수도 있다. 심각한 경우에는 가벽을 덧대야 하는 추가 시공이 필요하다. 쉽게 지나칠 수 있는 부분이지만 생각보다 중요하다.
- 가능하면 주변 상권을 조사하는 것이 좋다. 실질적으로 동네를 잘 아는 사람들은 아무래도 그 지역에서 이미 장사를 하는 분들이다. 내가 그 지역 주민이 아니라면 슈퍼나 근처 상점 주변을 발품을 팔아 다니며 물어보는 것도 좋다.

판매 형태에 따른 공간 분류

상황	공간	위치
"저는 제품을 판매할 예정이에요"	일층 쇼룸	역세권, 상권 (권리금○)
		골목, 상권 외곽 (권리금X)
"저는 클래스를 진행하면서 제품도 판매할 예정이에요"	이층 넓은 평수	역세권, 상권 (권리금○)
		골목, 상권 외곽 (권리금X)

분류	상황	해당 평수	공간 활용
쇼룸	저렴하고 대중적이라 사람들이 지나가다 들어와서 구매할 거예요	4~6평	제품의 사이즈가 작고 재고 순환이 빨라요
	비싸고 흔하지 않아서 손님들이 찾아올 거예요	10평 이상	제품, 만드는 도구의 사이즈가 커요
클래스	클래스 시간이 짧고 수요가 많아요	4~6평	2명부터 6명까지 클래스가 가능해요
	시간이 오래 걸리는 클래스예요	10평 이상	• 한 번에 10명 이상 수업할 수 있어요 • 넓고 쾌적한 공간을 제공하고 싶어요

처음부터 콘셉트를 정해야 할까 :
개성이란 내가 보여주는 것이 아니라,
자연스럽게 드러나는 것

공방을 시작하고 얼마 되지 않아 캔들 창업반을 운영하게 됐다. 기존 여러 공방에서 운영하는 과정과 차별을 두고 싶어서 완전히 새롭게 커리큘럼을 만들었다. 예쁘고 화려한 공예 캔들은 만드는 데 시간이 오래 걸릴 뿐만 아니라 실제 사용하기보다 두고 보는 오브제에 가깝다고 판단했다. 그래서 실생활에서 꾸준히 사용할 수 있는 컨테이너 캔들, 조향을 활용한 디퓨저와 향수 만들기, 석고 방향제와 왁스 태블릿을 만드는 실기 수업을 구성했다. 제품을 만드는 것 외에도 공방을 운영하는 데 가장 중요한 네이밍부터 브랜드 스토리텔링, 로고 디자인, 라벨을 만들고 출력하는 과정까지 모두 수업에 담았다. 실제 창업을 하고 싶은 사람들이 판매 직전까지 과정을 경험하는 수업이었다. 캔들 창업반이었지만 '캔들 공방 브랜딩 수업'이 더 정확한 명칭이 되겠다.

수업 기간도 짧아 단기로 배우기 좋고, 공방을 시작한 지 얼마 안 되었기 때문에 수업료도 저렴하게 책정했다. 그 덕에 초반부터 많은 분이 수강 신청을 했다. 직장에 다니고 있지만 캔들 공방을 창업하고 싶어 하는 회원, 이직 직전에 다양한 일을 경험하고 싶은 회원, 이미 공방을 운영하고 있는데 추가로 캔들 수업을 개설하고 싶은 회원, 혹은 꼭 공방을 오픈하지 않더라도 캔들을 배우면서 자신만의 브랜드를 만들고 싶었던 이들이 우리 공방에 찾아왔다.

수업은 제품을 만드는 일부터 시작한다. 향을 다루는 수업인만큼 성분을 잘 배합하고, 디테일에 따라 제품이 다양하게 변화하는 여러 예시를 보여주고 캔들을 직접 만드는 과정까지 진행한다. 여기까지만 해도 수업이 매우 즐겁다. 캔들을 만들며 수다도 나누면서 다음 단계인 콘셉트 설정과 로고 디자인에 관한 아이디어도 이끌어낸다. 제품을 만든 후, 로고를 만들기 위해 수강생들에게 숙제를 준다. 먼저 자신이 어떤 취향인지 파악하고 그에 맞게 로고를 만들어야 하기 때문이다. 마인드맵도 진행하며 자신이 좋아하는 사소한 것들을 나열하면서 아이디어를 낸다. 콘셉트와 디자인을 만들기 위해서는 브랜드에 명확성이 있어야 한다. 그러려면 '나'를 알아가는 과정부터 시작해야 한다. 생각보다 나를 관찰하는 일이 쉽지 않다. 그러다 보니 '나의 콘셉트'를 이야기하다가 막히는 경우가 잦다. 많은 사랑을 받는 브랜드를 보면 콘셉트가 명확하다. 자기 색깔이 뚜렷하고 말하고자 하는 이미지가 분명하다.

콘셉트는 어떻게 정하는 걸까? 콘셉트는 해당 브랜드에서 반복적으로 혹은 일관적으로 보이는 특성을 말하는 단어인데, 명확할수록 매력 있게 느껴지고, 그만의 독특함이 사람들에게 영향을 미쳐 브랜드와 사랑에 빠지게 만들고 마는 중요한 요소이다. 브랜드를 만드는 과정은 하나의 유기체가 만들어지는 것과 비슷하다. 유기체의 형태가 점점 또렷해질수록 성격이 만들어지고 어느 순간 자생하게 된다. 콘셉트는 여기서 성격에 해당한다. 내가 만들 제품의 종류와 가격, 포장재를 정한다. 제품명을 지을 때 제품이 만들어지게 된 이야기도 적어본다. 제품을 통해 내가 하고 싶은 이야기가 무엇인지 다시 생각하며, 고객들이 어떤 경로를 통해 제품을 만나게 될지, 좋아할지 싫어할지, 아쉬움이 있다면 무엇인지, 어떻게 하면 유통 경로를 확장할지 꾸준히 고민하다 보면 구체적인 방향성이 나오게 된다.

가능하다면 콘셉트를 100% 정하고 브랜드를 시작하는 것이 이상적이다. 메인 키워드를 정하고 슬로건도 정해본다. 메인 컬러도 정하고 나면 로고나 이름을 정하는 게 쉬운 일처럼 느껴진다. 만약 이런 과정이 물 흐르듯이 진행되었다면 그간 해왔던 많은 고민이 아웃풋으로 만들어진 결실이니 축하할 일이다. 짝짝짝.

매번 콘셉트를 잡는 일이 익숙하지 않다면 천천히 만들어가는 것도 전문적으로 접근하는 방법이다. 개성 혹은 매력이라는 단어는 내가 만들어서 사람들에게 보여줄 수 있는 것이 아니다. 매력이란 모르는 사이에 사람들이 느끼고 마음이 사로잡혀 끌리는 힘이니 조급해 하지 말자.

제품을 만들기 시작하는 과정부터 고객에게 전달되어 포장을 풀기까지 모든 세세한 과정을 SNS에 게재하는 것도 브랜드의 콘셉트가 될 수 있다. 이 모든 일에서 보이는 성격을 하루아침에 정하기는 누구에게나 어려운 일이다. 콘셉트를 정하는 빠른 방법은 내가 좋아하는 스타일이 무엇인지부터 정리해 보는 것이다. 평소 눈 여겨 보는 브랜드를 최소 세 개 정도 정하고 그 브랜드의 SNS나 홈페이지를 둘러보면 대략 내가 어떤 스타일을 좋아하는지 알 수 있다. 하지만 그렇다고 그 스타일을 나의 콘셉트라고 말하기는 곤란하다. 내가 좋아하는 스타일을 정리하고 그 요소들과 함께 참고해서 내 것을 보여주다 보면 자연스럽게 콘셉트가 드러날 것이다.

여기서 가장 중요한 것은 공방의 작업물을 보여주는 일을 멈추지 않고 꾸준히 해나가야 한다는 점이다. 아직 내가 원하는 수준이 아니라서, 혹은 마음에 들지 않더라도 꾸준히 작업을 반복한다면 비로소 나만의 스타일이 작업 사이사이를 비집고 나오게 된다. 손으로 하는 일들은 손으로 해야만 앞으로 나아갈 수 있다.

이미 성공한 브랜드들이 오너가 가지고 있는 재능이나 센스만으로 콘셉트를 잡았다고 생각할 수 있지만, 오너의 인생과 더불어 브랜드의 성장 과정이 그 콘셉트에 녹아들었을 확률이 높다.

그렇다면 지금부터 콘셉트를 만들면 너무 늦은 걸까? 콘셉트를 잡으려고 생각하고 있는 것 자체로 이미 진행 과정에 있는 것이니 낙심할 필요는 없다. 우리는 이미 공방 생존 전선에 뛰어들었다. 걱정할 시간에 나의 고민을 SNS에 올리는 것도 방법이다. 고민을 다른 이에게 전달하는 순간 사람들이 지켜보고 있다는 생각에 더 진지하게 고민하게 될 테고, 이 과정을 업데이트하려면 그만큼의 정리가 필요하다. 하나둘 진행되는 과정이 모여 눈사람처럼 뭉쳐지면 그야말로 나만의 콘셉트가 탄생하게 된다.

타깃은 어떻게 설정할까 :
브랜드를 확장시키는 방법

공방을 오픈하면 제품 판매나 클래스 운영을 통해 매출을 늘려야 할텐데 그럼 타깃에 맞는 제품은 어떻게 설정하는 것일까? 모바일과 온라인 소비가 늘어남에 따라 수많은 정보가 쌓이게 되고, 발 빠른 마케터들은 그 정보를 분석해 마케팅에 사용하기 시작했다. 먼저 타깃을 설정하고 타깃이 좋아할 만한 물건을 만드는 기업도 늘어나고 있다.

타깃을 기준으로 '작품' '제품' '상품'을 비교해 보자. '작품'은 예술적 창작 활동을 바탕으로 하나밖에 없는 고유성을 가진 것을 말하고 '제품'은 원재료를 가지고 물건을 만든 것을 말한다. '상품'은 누군가에게 팔기 위해 만든 물품이니 기획이 들어간 제품을 뜻한다.

작품, 제품, 상품으로 타깃의 기준을 다르게 설정해 보자. 작품의 타깃은 바로 나. 작품을 만드는 본인이다. 작품은 그 누구도 신경쓰지 않고 내 아이디어를 구현한 하나밖에 없는 작업물이다. 핸드메이드 작업을 하는 이들을 만나면 너무 힘들게 만들어서 오히려 작품을 팔고 싶지 않을 때가 있다고 말한다. 작품은 나의 만족감을 위해 만든다. 하나부터 열까지 내가 원하는 대로 만든다. 제품의 주인은 작품과 상품 중간의 어디쯤에 있다. 물건을 만들고 팔 수 있을 것 같다고 생각하는 순간 제품이 되었으나 아직 주인을 모른다. 상품의 타깃은 당연히 그 물건이 필요한 사람이다.

보통 물건을 만들 때는 그 물건이 필요해서, 예뻐서, 재미있어서, 유행이라서 등의 이유가 있다. 이번엔 타깃을 고려해서 상품을 만들어보길 권한다. '누가, 언제, 어디서, 어떻게, 무엇을, 왜'라는 육하원칙에 따라 제품을 만들어보자.

강의를 나갔던 〈퇴사학교〉 학생 중 회사에 다니면서 가죽 공예를 취미로 배우는 수강생이 있었다. 그녀는 항상 외부에서 점심 식사를 하는데 매번 가방을 들고 다니기가 불편했다. 다른 물건은 몰라도 지갑과 립스틱이 들어가는 작은 파우치가 있으면 좋겠다고 생각했다. 그녀는 자신을 위해 작지만 손에 쏙 들어오는 가죽 지갑을 만들었고, 가벼운 몸과 마음으로 점심시간을 즐길 수 있게 되었다. 그녀가 사용하는 지갑에 주변인의 관심이 쏟아졌고 고객의 니즈, 즉 상품 가치를 느낀 그녀는 인스타그램과 블로그를 통해 주문을 받기 시작했다.

그녀의 타깃은 '점심시간에 가볍게 외출하고 싶은 여성 직장인'이다. '누가, 언제, 어떻게'로 나누어서 이야기했지만 사실 보통 직장을 다니는 모든 여성을 말하기도 한다. 이렇게 약간만 구체화했을 뿐인데도 타깃이 명확해진다. 같은 카드 지갑이어도 '직장인 여성'이라는 단어만으로는 판매가 쉽지 않을 수 있다. 하지만 '립스틱이 필요한 여성이 쓰는 점심시간용 지갑'은 식사 후 립스틱을 바르는 대부분의 여성이 '나도 필요한데?'라고 생각할 만큼 구체적인 기획인 것이다.

제품에 타깃을 설정했더라도 그 필요성을 어떻게 소개할지 고민해야 한다. 같은 연령대가 타깃이라면 내가 이용하는 SNS에 자주 노출하거나, 정보를 얻는 커뮤니티 사이트를 이용하거나, 주변인들에게도 적극적으로 홍보하는 바이럴 마케팅을 펼쳐도 좋다.

공방을 오픈하고 싶어하는 많은 이들이 본인의 제품은 매우 독특하길, 세상에 없는 물건이길 원한다. 사람들이 보편적으로 알고 있는 것 말고 완전히 새로운 물건을 만들고 싶은데 너무 어렵다는 이야기도 종종 듣는다. 하지만 너무 특이하거나 전에 본적이 없는 새로운 물건은 어떻게 사용하는지 몰라서, 혹은 접근이 어려워 보여서 판매가 되지 않는 경우도 많다. 보편적이고 평범한 물건들의 단점을 보완하거나 작은 아이디어를 더하는 것만으로도 충분히 타깃을 정할 수 있으며 어필 할 수도 있다.

최근에는 문화센터나 원데이 클래스를 통해 많은 공예 수업이 개설된다. 그만큼 다양한 분야를 접할 기회가 많고, 어떤 한 분야에 반하는 경우도 많다. 트랜트에 매우 민감한 사람이 큰 결심을 하고 한 가지 분야를 시작했는데 얼마 지나지 않아 다른 분야에 눈이 가게 되고 시간이 지나면 종류만 많아진 재료들이 집에 여기저기 쌓여 있는 경우도 허다하다. 물론 여러 분야를 섭렵해서 응용한 제품을 만들어 처음부터 타깃층을 넓히는 방법도 좋지만, 대표 아이템을 우선 한 가지만 만들어 고정 타깃층을 확보하는 방법을 추천한다. 공방의 제품과 브랜드에 신뢰감을 쌓은 다음 기존 타깃이 다른 제품에도 관심을 갖을 수 있게 확장하는 방법을 고민하는 것이 좋다.

우리는 우리가 즐겁기 위해서 이 일을 하고자 한다. 하지만 내가 만든 물건들이 주인을 찾지 못한다면 재고만 계속 쌓이게 되고 결국 이 일을 지속하기 힘들어 질 수 밖에 없다. 공방에서 수익 구조를 만드는 것은 매우 중요하다. 정확한 타깃팅을 통해 제품 제작에서 홍보, 유통까지 선순환되는 구조를 만들어 꾸준히 성장하는 브랜드가 되길 바란다.

브랜드를 정독하자 :
한 권의 책을 읽듯이 브랜드를 읽어보자

　　새로운 영역의 일을 시작할 때 가장 쉽게 접근하는 방법은 벤치마킹이다. 벤치마킹은 참고할 만한 가치가 있는 대상이나 사례를 정하고, 비교 분석을 통해 전략 또는 교훈을 찾아보려는 행위로 공방을 차릴 때는 '모범 사례분석'과 '동종기업 벤치마킹' 두 종류를 적용하면 된다.

　　모범 사례와 동종기업이라고 하니 거창하게 다가올 수 있다. 쉽게 말하면 자신이 좋아하는 브랜드의 장점을 파악해서 참고하고, 비슷한 다른 공방의 상황을 둘러보며 자신이 하고자 하는 일이 과연 경쟁력이 있는지 판단해 보자는 이야기다. 두 가지 벤치마킹을 섞어 책 읽듯이 브랜드를 정독해 볼 필요가 있다.

　　먼저 벤치마킹하고 싶은 브랜드를 정하자. 규모는 작지만 제품과 운영 형태가 내가 원하는 방향과 비슷한 공방, 기업 형태로 운영하는 대형 브랜드, 이 두 가지를 비교하면 좋다. 전자는 현실적으로 할 수 있는 일이 무엇인지 파악할 수 있고 후자는 대중적으로 어떤 물건이 잘 팔리고 있는지 참고할 수 있다. 작은 기업과 대기업의 운영 방식을 알면 하나씩 실행할 수 있는 To Do List가 만들어진다. 특히 대기업에서 판매하고 있는 제품은 시장성이 검증된 상품이다. 그런 물건을 살펴 자신이 만드는 품목과 비교하는 것이 좋다. 벤치마킹하는 브랜드가 운영하는 SNS 홍보 채널을 보면, 그들이 브랜드의 이미지를 구현하기 위해 다각적인 접근 방법을 시도한다는 것을 볼 수 있다. 물론 그들이 하는 모든 것을 참고할 수는 없지만, 자신이 작성한 To Do List에서 가장 중요하다고 생각하는 일과 현재 할 수 있는 일을 추려서 실천으로 옮긴다.

벤치마킹 체크리스트

브랜드 메인 컬러	판매하는 제품 목록	제품별 가격	패키지	홍보 채널

브랜드를 벤치마킹하고 콘셉트를 만드는 과정 중에 홍보 이미지는 매우 중요하다. 고객에게 브랜드의 좋은 첫인상을 심어주는 것은 물론, 구매까지 연결될 수 있도록 매력을 발산해야 하기 때문이다. 그렇기에 고객에게 어필하기 위해 다양한 홍보 이미지를 만든다. 이미지를 SNS에 업로드할 때는 가능하다면 균일한 포맷으로 만든다. 하얀 바탕에 깨끗하게 찍어 올리되, 계절에 따라 분위기 있는 소품을 활용하거나, 같은 구도와 크기를 설정해 놓고 배경만 바꾸는 방법도 있다. 다양한 시도를 통해 나만의 방식을 찾는다면 보여주는 방식 자체가 브랜드의 특성이 될 수도 있다.

아름다운 물건과 홍보 이미지를 만들기 위해서는 구경하는 것 자체로 그치지 말고 점차적으로 안목을 기르는 훈련이 필요하다. 이는 많이 보는 것만이 답이다. 많이 볼수록 자신의 스타일과 기준이 더 섬세해진다. 인스타그램을 비롯해 핀터레스트, 언스플래시 등 무료로 이미지를 구경할 수 있는 사이트가 늘어나고 있으니 틈틈이 이미지 훈련을 해보자.

만족도가 높은 제품을 만들기 위해서는 수많은 이미지를 참고하여 내가 만든 제품에서 어떤 부분이 부족한지 파악해 본다. 기본적으로 구도의 안정과 원하는 색감을 제대로 표현할 수 있는 능력을 길러야 하는데, 자신이 만든 이미지가 생각보다 예쁘지 않아서 금방 실망하기도 하지만 이는 익숙지 않아서 그런 것이다.

콘셉트가 확실한 브랜드를 만들기 위해서는 기획부터 제품 제작, 홍보까지 하나의 방향으로 취합되어야 한다. 많은 시행착오가 있겠지만, 공방의 방향성을 유지한 채 트렌드를 읽어 나가며 차분히 하나씩 실천해 보자.

패키지로 만드는 브랜드의 신뢰성 :
공방만의 스타일 만들기

처음 캔들 공방을 해야겠다고 마음먹었을 때 주의 깊게 들여다본 캔들 브랜드는 '조 말론**Jo Malone**'과 '딥티크**diptyque**'였다. 당시 두 브랜드가 국내에 막 출시되었을 무렵이었는데 제품마다 통일된 라벨이 눈에 들어왔다. 조 말론은 싱글 노트의 내추럴향을 주로 취급하여 통일된 디자인에 깔끔하게 글자로만 향을 구분했다. 라벨은 블랙과 화이트의 조합으로 모던하게 만들어 패키지 자체로 고급스러운 선물이라는 이미지가 강하게 풍겨 '나도 이런 선물을 받고 싶다.'라고 생각이 들 정도로 매력적인 패키지였다.

딥티크는 조향한 스토리가 들어간 드로잉 라벨이 특징이다. 향의 탄생 배경과 만든 이의 의도가 그려져 있는 라벨을 속속들이 알게 되면 그 향에 더 빠져드는 기분이 든다. 투명한 용기 뒤로 비치는 드로잉은 용기에 굴곡 지어져 우아하게 느껴진다. 이렇듯 브랜드의 인식은 머리로 시작해서 고객에게 감정적으로 전달된다.

이제 패키지는 물건을 깔끔하고 안전하게 패킹하는 '포장'의 의미가 아니라 브랜드를 보여주는 특성이 되었다. 록시땅 L'Occitane의 홀리데이 에디션은 패키지를 브랜드를 '경험'으로 인식하게 하는 대표적인 예다. 12월 1일부터 크리스마스이브인 24일까지 록시땅의 대표적인 상품을 미니어처로 제작했다. 외부 패키지는 책처럼 만들고 안쪽 숨은 박스에 1부터 24까지 숫자를 인쇄해 날짜 문을 열면 하루에 하나씩 선물을 받는 콘셉트로 제작되었다. 가격도 원래 제품보다 저렴하게 책정되어 말 그대로 선물 같은 미니어처 패키지 제품이다. 저렴한 가격으로 록시땅의 제품을 써보고 싶었던 고객에게 스물네 개의 제품도 사용해 볼 수 있으니 '마케팅 + 샘플 체험 + 고객 만족 + 브랜드에 대한 신뢰 형성'으로 서로 만족할 수 있는 성공적인 패키지의 예라고 할 수 있다.

물론 소상공인은 비용 등의 이유로 패키지를 통해 이런 특별한 경험을 주기는 쉽지 않다. 하지만 기본적으로 색과 디자인을 통일한다거나 모든 패키지에서 로고를 동일하게 보여주는 것만으로도 무의식적으로 신뢰감을 형성할 수 있다. 이미 기업과 브랜드에서 통일된 패키지를 통한 브랜드 효과는 성공 사례로 뽑히고 있다. 제품 박스와 쇼핑백에 색과 로고가 통일되어도 일관된 느낌을 준다. 여기에 브랜드가 가지는 철학을 패키지에 투영할 수 있다면 성공적인 패키지라고 할 수 있겠다.

이본느모건은 캔들 라벨과 패키지 라벨, 두 종류의 라벨을 모든 제품에 활용한다. 캔들 라벨은 모조지로 인쇄해 향 이름을 직접 적을 수 있게 제작해서 향마다 라벨을 따로 만들 필요 없이 한 장으로 모든 종류의 캔들에 붙이고 디퓨저와 향수에도 사용한다. 우리 공방에서는 기본적으로 다섯 개의 향을 생산하고 시즌별로 향을 추가하거나 빼곤 하는데 추가 라벨 제작에 대한 고민은 따로 하지 않는다.

스티커 제작은 소량도 가능하지만 대량 생산하는 저렴한 인쇄소일수록 주문할 수 있는 기본 수량이 천 장부터 시작하기 때문에 종류별로 스티커를 제작하는 비용도 만만치 않다. 우리는 큰 포맷만 스티커에 출력하고 안에 세부 내용은 손으로 직접 작성하기에 비용을 절약할 수 있다. 때로는 손글씨를 스티커 파일에 합성해 공방 프린터로 출력해서 사용하고 있다. 손글씨로 쓰는 게 불편하다면 자주 쓰는 글씨는 도장으로 제작하거나 글씨 교체용 스탬프를 활용하는 것도 방법이다.

패키지 라벨은 한 가지 디자인으로 종이 쇼핑백, 비닐 봉투, 제품 상자에 사용하고 있다. 제품 상자는 구매할 때 공장에서 직접 인쇄하면 좋지만, 기본 주문 수량이 많기에 비용이 너무 많이 든다. 고민해 본 결과 상자와 스티커를 흰색으로 고르고 스티커를 상자 사이즈로 만들어서 붙이면 공장에서 제작한 상자처럼 말끔하게 마무리된다. 상자가 스티커보다 조금 작다면 스티커 아랫부분을 접어서 상자 안쪽으로 붙여준다. 라벨 디자인을 통일하면 다양한 패키지에 붙여도 이질감이 없다.

패키지 디자인이 나오면 샘플을 실제 사이즈로 프린트해서 직접 제품에 붙여 확인하는 것이 좋다. 붙이는 위치, 로고 위치, 이름, 사이즈 등 모든 것을 확인하고 제작을 의뢰한다. 처음부터 모든 패키지를 한꺼번에 다 만들게 되면 폐기할 가능성도 있으니 재질과 색을 확인할 겸 한 종류만 먼저 주문해 보는 것이 좋다. 사실 이 모든 과정은 전문가인 패키지 디자이너에게 의뢰하면 한 번에 해결이다. 프리랜서 디자이너로 활동하는 이들도 있으니 디자이너에게 브랜드를 소개하고 마음에 드는 패키지를 만드는 방법도 추천한다. 이 경우는 내가 어떤 걸 원하고 있는지 디자이너와 빠짐없이 공유해야 마음에 드는 디자인의 패키지를 받아볼 수 있다. 패키지를 의뢰한다는 가정하에 아래 의뢰서를 살펴보자.

패키지 의뢰서										
회사 (브랜드)명										
주소										
이메일										
홈페이지										
제품	라벨 · 로고 · 박스 · 쇼핑백 등									
제품 정보	용량 · 사이즈 · 텍스트									
제품 타깃	누가, 언제, 어디에서, 어느 연령대가 사용할 물건									

디자인의 구체적인 느낌										
여성스러운	1	2	3	4	5	6	7	8	9	10	남성스러운
따뜻한	1	2	3	4	5	6	7	8	9	10	차가운
유니크	1	2	3	4	5	6	7	8	9	10	대중적인
가볍게	1	2	3	4	5	6	7	8	9	10	진지
단순	1	2	3	4	5	6	7	8	9	10	화려
추상적인	1	2	3	4	5	6	7	8	9	10	정확한
모던	1	2	3	4	5	6	7	8	9	10	빈티지
젊은	1	2	3	4	5	6	7	8	9	10	성숙한
메인 컬러										

모든 칸을 채우지 않더라도 공방의 이미지와 원하는 방향을 꼼꼼하게 고민해 보면 패키지를 결정할 때 도움이 된다. 메인 컬러를 잘 결정하면 앞으로 공방을 운영하면서 선택의 폭을 줄여준다. 메인 컬러를

기본으로 계절, 혹은 행사 별로 서브 컬러를 사용해도 좋다. 메인 컬러 역시 공방에 어울리면서 내가 좋아하는 색으로 정하는 것도 방법이다. 막상 한 가지 색을 정하려니 쉽지 않은데 이럴 때는 캡처 기능을 활용하면 좋다. 모바일 서핑을 하다가 마음에 드는 이미지를 약 오십 장 정도 캡처해서 그 이미지를 한꺼번에 살펴보자. 컴퓨터에서 폴더로 만든 후 '가장 크게 보기'로 한꺼번에 보면 더 좋다. 좋아하는 이미지를 여러 장 모아놓고 보면 내가 어떤 색을, 혹은 어떤 톤의 색을 좋아하는지 알 수 있다. 공방을 만들기까지 할 일이 많지만 메인 컬러 같은 작은 기준을 하나하나 정하다 보면 어느새 공방의 이미지가 만들어지게 된다.

공방 언니의 노하우 2

사진 촬영은
이렇게

사진 촬영에서 중요한 부분은 '구도'다. 가로, 세로를 수평, 수직으로 정확히 맞춰서 찍는 방법이 제품을 정확하고 깔끔하게 보이게 한다. 휴대폰이나 카메라에 있는 그리드 기능을 활용하면 손쉽게 구도를 맞출 수 있다.

안정된 구도로 사진을 찍었다면 이제는 '색감'을 맞춰보자. 후보정을 위한 다양한 애플리케이션이 있으니 여러 가지 살펴보길 추천한다. 보정 애플리케이션이 아니더라도 인스타그램을 이용할 경우 사진 업로드 시 간단하게 사진을 보정할 수 있다. 필터를 적용하거나 원래 분위기를 유지하면서 선명도, 밝기, 채도 등을 조절한다.

촬영에 자신이 없다면 다양한 구도로 찍어보자. 각도와 위치, 소품을 활용해 찍다 보면 제품을 돋보이게 하는 사진이 무엇인지 알게 된다. 원데이 클래스와 유튜브 채널에도 정보가 많으니 시간적 여유가 된다면 강의를 듣고 배우는 것도 추천한다.

| 촬영 공간이 없다면 근접 촬영하자 |

공방의 구석을 찾아 주변을 정리하고 포토존을 만들어보자. 화방에서 하얀 캔버스 천이 짜인 액자를 구매하거나 원목 상판을 구매해 세우면 가벽으로 활용할 수 있다. 천이나 색지를 벽에 붙여 배경으로 사용해도 좋다. 원단은 온라인에서도 쉽게 구매할 수 있지만, 원단 매장에 가서 직접 살펴보는 것이 원하는 색상과 질감을 찾기에 가장 좋다. 화방에 가면 색지를 전지 사이즈로 구매할 수 있다. 실제로 좁은 공간을 사용하고 있는 우리 공방도 바닥에 2절 색지를 깔고 일명 '항공 샷 Top View'으로 촬영한다. 마음에 드는 색으로 여러 장 구비해 놓으면 분위기나 계절별로 활용할 수 있어 편리하다.

- 원단 상가: 서울 종로구 종로 275 동대문종합시장 B동 지하 1~3층
- 호미화방: 서울 마포구 홍익로3길 20

| 스튜디오, 카페, 공원 활용하기 |

- 스튜디오: 온라인 쇼핑몰과 셀프 촬영이 늘어나면서 다양한 스튜디오가 생겼다. 분위기를 색다르게 바꾸고 제품을 제대로 촬영하고 싶다면 추천한다. 한 시간에 3~10만 원 정도의 비용으로 여러 콘셉트를 가진 공간에서 촬영할 수 있다. 스튜디오마다 자연광이 들어오는 시간대가 다르므로 예약하기 전 문의가 필수다. 또 디스플레이 하고 정리하는 시간도 대관료에 포함되니 사전 준비와 정리 시간도 계산해서 예약하면 좋다.
- 카페: 크기가 큰 제품을 촬영한다면 곤란하지만 작은 공간에서 촬영이 가능한 제품은 예쁘게 꾸며진 카페에서 촬영하는 방법도 추천한다. 물론 촬영 가능 여부는 카페 사장님께 문의하고, 허가를 받은 후에 제품 하나 정도 사장님께 선물로 드려도 좋다.
- 공원: 날씨가 좋다면 야외에서도 촬영해 보자. 조명보다 자연광에서 찍은 사진이 훨씬 자연스럽고 생동감 있게 나온다. 계절마다 빛의 강도와 색감이 다르니 여러 번 촬영 테스트를 해보고 제품과 어울리는 시간과 날씨를 찾아보자.
- *외부 촬영 시 필요한 제품과 같이 찍을 데코레이션용 소품 리스트도 만들어야 한다. 확인하지 않으면 꼭 두고 나오는 물건이 있다.

어떻게 촬영할지 고민된다면 마음에 드는 사진을 찾아 최대한 비슷하게 찍어보자. 자연스레 사진 기술이 는다. 해외 사이트이기 때문에 검색은 영문으로 한다.

- 언스플래쉬 unsplash.com
- 픽사베이 pixabay.com
- 핀터레스트 www.pinterest.co.kr

촬영 애플리케이션

싸이메라, 스노우, 푸디 등 다양한 필터가 구비되어 있는 대중적인 애플리케이션도 많지만 개인적으로 사용하는 애플리케이션 세 가지를 공유한다.

- pictail : 사진을 칵테일 색으로 표현한 애플리케이션이다. 화사하고 영화 같은 색감의 필터를 무료로 이용할 수 있고 더 다양한 필터는 유료로 구매가 가능하다.
- @picn2k camera : 여행 작가가 본인이 직접 찍고 보정한 사진의 세팅을 필터로 적용한 것이다. 유료지만 전문가의 손길이 필요하다면 써보길 추천한다.
- CALLA : 사진을 찍은 날짜와 필름 카메라 색감이 담긴 애플리케이션으로 색다른 분위기의 사진을 찍을 수 있다.

인스타그램 보정 비법 전수

사진은 제품의 정보를 전달하면서 갖고 싶게 만드는 것이 가장 중요하다. 가끔 시선을 끌기 위해 화려한 색감을 강조하는데 그럴 경우 오히려 제품이 눈에 띄지 않는다. 사진 필터는 전체 색감을 변화시키기보다 세심하게 부분적으로 편집해서 사용하자. 인스타그램에서 사진 업로드 시 간편하게 보정하는 방법을 소개한다.

- 사진 선택 > 다음 > 수정

- 밝기, 대비, 구조: 환한 사진은 시선을 끈다. 다만 너무 밝게 조정해 색이 날아가지 않
  도록 최소 20~50 사이 숫자로 밝기를 조절하자. 너무 밝으면 스크롤을 왼쪽으로 움
  직여 살짝 어둡게 조정한다. '대비'에서 전체적인 밝고 어둠을 조정하는데 대비가 심하
  면 사진이 거칠어 보인다. '구조'에서는 선명도에 따른 사진의 느낌을 결정하면 된다.

- 온도, 색: 노란 색감과 조명은 따뜻한 느낌을 풍긴다. 노란색이 과하면 답답해 보이니
  10 이상은 넘기지 않는다. 색 효과에서는 원하는 색감을 강조할 수 있는데, 빈티지한
  느낌을 주고 싶으면 청색을 10 정도 올려준다.

- 그밖에 채도, 선명도, 그림자, 배경 흐리게 등을 조절할 수 있다.

공간을 구성하는 요소 :
구석구석 내 손이 닿은 공간

간판

간판은 크게 달고 싶지 않았다. 작업실 겸 공방을 운영하려고 생각해서 작은 깃발 하나를 만들어 건물 밖 실외기 아래에 달았다. 친구를 만나러 독일에 갔을 때, 공간 자체를 크게 변화시키지 않고 본연의 분위기에 스미도록 자연스럽게 인테리어하는 방식이 인상적이었다. 그때의 기억을 떠올려 공방 인테리어를 구성할 때 적용하기로 했다. 공방을 오픈한다고 여기저기 이야기하니 이것저것 필요한 물건이 있지 않냐며 연락이 왔다. 책상부터 의자, 선반까지 지인들의 애정과 관심으로 공방이 채워졌다. 꼭 필요한 것 외에는 사지 않았는데 필요한 것이 생기면 공방을 운영하며 그때 사도 늦지 않다.

굴러다니는 나무를 구해서 캔들을 그리고 캔들 기둥에 'OPEN'이라고 썼다. 캔들 불빛 주변에는 몇 년째 집에서 굴러다니던 스팽글을 붙여 반짝이는 모양을 연출했다. 칠 년이 지난 지금도 공방에서는 주문 제작한 입간판과 직접 만든 OPEN 입간판을 함께 사용하고 있다.

가구

차츰 공방에 살림이 늘어나자 가구도 필요하게 됐다. 주로 가볍고 분리될 수 있는 선반을 구매했다. 위치를 옮기고 싶으면 언제든 간편하게 옮길 수 있도록 설치했다. 책상도 상판과 다리가 분리되어 필요 없을 때는 상판만 옮기면 그만이었다. 작은 공방이지만 의자는 열두 개가 있다. 어느 날 열 명의 단체 손님이 있었는데 "공간이 좁아서 괜찮으실까요? 불편하실 텐데요." 했더니 회사만 벗어날 수 있으면 상관없다고 했다. 겹칠 수 있는 의자를 구매해 사용하지 않을 때 차지하는 자리를 최소화했다. 책상 주변으로 공간이 좁아서 쇼룸으로 썼던 선반을 두 개 정도 치우고 수업했다. 작은 공간이지만 유동적인 가구를 놓으니 생각보다 많은 일이 가능해졌다.

포장지

이유도 없이 십 년째 버리지 못하고 이사할 때마다 자리를 차지했던 빛바랜 종이가 드디어 역할이 생겼다. 소모품은 직접 써봐야 좋은지 안 좋은지 알 수 있다. 작은 골목에 위치한 공방까지 일부러 찾아와 캔들을 구매하는 고객에게 작은 캔들을 선물하고 싶었다. 작은 지우개를 찾아 더 작게 자르고 공방의 로고인 고양이 리차드의 코를 대충 그려넣고 칼로 조심스레 파본다. 리차드 코가 갈색이니까 갈색 스탬프 잉크도 하나 샀다. 빛바랜 종이를 반으로 잘라 로고를 꾸욱 찍고 바로 아래에는 'yvonnemorgun unique candle'이라고 적힌 스탬프를 또 한 번 꾸욱 눌러 찍는다. 종이 중간에 작은 캔들을 두고 종이 네 귀퉁이를 한 번에 잡아서 가운데로 모아 나름 심사숙고해서 고른 빈티지한 하얀색

털실로 두세 번 감아 묶어주면 포장이 끝난다. 하나하나 정성으로 만들었던 캔들을 볼 때마다 처음 공방을 시작했을 때의 마음이 생각난다.

조명

이본느모건의 박스 라벨을 이슬람 문양에서 가져올 정도로 평소에도 이국적인 분위기를 공방에 담고 싶었다. 마침 '터키 한국문화원'에서 조명 클래스가 열려 바로 신청했다. 투명한 유리를 모자이크 기법으로 디자인하여 조명을 만들었다. 이본느모건의 라벨도 챙겨가 완성된 조명 위에 공방의 로고도 붙여넣었다. 그렇게 완성된 유리 조명은 일주일 정도 굳힌 다음에 공방으로 보내준다고 했다. 공방 한쪽에 내가 만든 조명을 켜고 끄는 일이 공방 하루의 시작과 마감을 알린다.

공간

최근 복합문화공간이라는 불리는 다양한 공간이 점차 생겨나고 있다. 한 가지로 규정하기 힘든 다양한 문화를 다루는 공간인데, 아마도 나처럼 하고 싶은 것이 많아서 한 가지만 할 수 없었던 이들을 위한 곳일 것이다. 예전의 커피숍은 커피만 마시는 곳이었는데 이제는 일하거나 미팅을 하는 공간으로 확장했다. 사람이 많이 다니는 길이나 전철역은 그저 붐비는 곳이었는데 언제부터인지 버스커들이 늘어나면서 공연장으로 변했다. 누가 어떻게 그 공간을 활용하는지에 따라서 공간의 쓰임이 달라지는 것이다. 때로는 다른 공간으로 새롭게 사용되고 그 에너지를 받아 다른 모습으로 변화하기도 하고 성장하기도 한다.

2007년부터 이 년간, 지금은 없어진 대안 공간 '브레인 팩토리'에서 어시스턴트 큐레이터로 일했다. 전시 공간부터 작가와 큐레이터 사이의 소통 관리, 작가들의 설치를 돕는 일까지 담당했다. 그 공간은 공교롭게도 지금의 공방보다 조금 더 큰 직사각형 작은 공간의 갤러리였는데 비영리 공간이었던 만큼 팔리기 쉽지 않은 형태의 작업을 주로 전시하는 공간이었다. 한쪽에 전면 거울을 달아서 전시 공간을 무한대로 넓힌 작품도 있었고, 전시장 바깥으로 설치 작업이 튀어나와 있어서 전시 기간 내내 전시장 문을 잠그지 못했던 전시도 있었다. 천장에 구조물을 달아서 만든 조형물, 빔프로젝터로 영상을 틀고 작은 설치물로 공간을 구성하는 작품, 그 외에도 자신만의 방식으로 공간을 채워가는 방식들은 고스란히 내 눈으로 들어왔다. 5평 정도의 직사각형 공간을 활용하는 방법은 갇혀 있던 나의 사고방식을 완전히 바꾸어 놓았다.

공간을 가장 효율적으로 활용하는 법은 규정짓지 않는 것이다. 운영자의 스타일대로 활용하는 것이 가장 이상적이다. 갤러리에서 여러 행사를 보조한 경험이 있어 그런지 공방을 오픈하면 살롱처럼 사람들이 자연스럽게 모여들고 자기의 생각을 가감 없이 이야기하며 좋은 추억들을 쌓아가는 공간이 되었으면 하고 바랐다. 캔들과 자수 수업으로도 그 바람이 실현되기는 했으나 욕심이 많은 나는 좀 더 다양하고 재미있는 일을 하길 원한다.

오픈 행사

공방은 삶의 계획에 없던 일인지라 조용히 혼자 오픈하려고 했는데 지인이 사업을 시작할 때는 널리 널리 알리는 게 중요하니 꼭 오픈식을 하라고 부추겼다. 다수의 갤러리 오픈 경험을 바탕으로 자연스럽게 행사에 필요한 초대장, 음식, 제품, 경품까지 모두 준비했다. 때마침 아는 동생이 댄서였고 다른 친구는 래퍼라서 둘이 공연을 해보는 건 어떻냐고 제안했다. 자잘한 이벤트와 공연까지 결정하고도 누가 올지 걱정했지만, 무려 아흔 여 명이 다녀가고 첫 달 월세를 낼 수 있을 만큼의 물건을 판매했으니 나름 대박 난 날이었다. 공연 시간이 되어서 캔들이 진열된 박스를 유리문 쪽으로 밀고 그 좁은 공간에서 랩과 댄스 공연을 했다. 좁았음에도 불구하고 다들 즐겨주었고 한창 오른 분위기에 경매를 시작해 물건 세 개를 경품으로 증정했다. 오픈 행사 덕분인지 공방에는 꾸준히 사람들이 드나들었고, 시작부터 힘을 얻어 공방 운영에 대한 자신감마저 생겼다.

심야 공방

지인과 일본 드라마 〈심야식당〉을 이야기하는 중에 심야식당처럼 지친 사람을 위로하는 가정식 같은 공방이 되고 싶다는 소망을 이야기했다. "그럼 너도 해봐." 그렇게 덜컥 '심야 공방'을 오픈하게 됐다. 심야 공방은 마음 맞는 이들이 삼삼오오 모여 도란도란 이야기를 나누며 와인을 마신다. 와인 한 잔과 다과, 장소 대여비가 포함된 기본 참여비가 있고 향수를 만들거나 디퓨저를 만들고 싶으면 추가 요금을 내는 방식으로 운영한다.

공방에 놀러 오고 싶은데 수업은 부담스러운 이들을 위해 평소 이본느모건에 관심이 있던 사람들이 왔으면 해서 만든 작은 이벤트다. 첫 행사가 성공적이어서 매달 진행하려고 했으나 업무 과다로 현재는 여유가 되는 달만 진행하고 있다. 아직 파티 문화가 익숙지 않은 분위기지만 의외로 많은 분이 신청하고 다녀갔다. 이 심야 공방은 마케팅 요소도 예상하고 이벤트를 만드려는 의도도 숨어 있다. 이본느모건을 수업이나 제품이 아닌 다른 경험으로 만나보았으면 하는 바람도 함께 말이다.

독서 모임

언제부터인가 손에 책을 잡는 시간이 거의 없어졌다. 활자를 읽기 피곤하다는 핑계를 댔지만 영상이나 휴대폰을 들여다보는 시간이 훨씬 익숙해서일 것이다. 시간을 내서라도 책을 읽는 기회를 만들어야겠다는 생각에 공방 근처에서 여는 독서 모임을 하나 찾아냈다. 함께 책을 읽는 즐거움을 알아가기 시작할 무렵 모임 공간에서 추가 요금을 원했고 이왕 모이는 거면 우리 공방이어도 좋을 것 같았다. 바로 독서 모임 운영자에게 공방을 추천했고 인원수와 상황에 따라 우리 공방에서 모임을 진행하기도 했다. 카페에서 드는 비용과 똑같은 비용을 받았고 두 가지 음료도 준비했다. 모임 날에는 각자 원하는 빵이나 과자를 사오기도 했다. 캔들 공방에서 두 시간 이상 머물면 몸에 캔들 향이 밴다. 그날은 『안나 카레니나』 2권을 읽는 모임이었는데 책과 캔들의 향이 부드럽게 스미는 기분을 잊지 못한다.

캔들 파티

공방에서 진행한 크고 작은 행사가 있지만 그중 2015년에 했던 '연트럴파크 캔들 파티'가 가장 기억에 남는다. 그때만 해도 욜로 **YOLO**가 전파되기 시작할 무렵이라 유럽 여행이 붐이었다. "우리도 유럽처럼 꾸밀 수 있는데!"라는 아이디어로 공방 안과 밖에 캔들을 잔뜩 켜서 색다른 분위기와 문화를 즐길 수 있는 파티를 열고 싶었다. 수익 구조로 만든 이벤트는 아니었기 때문에 이왕 하는 거 신나게 하고 싶어 출퇴근하며 아이디어를 구체화했다.

그러던 와중에 연남동의 공원, 연트럴파크로 산책하러 나갔다. 공원을 따라 안쪽으로 깊이 들어오면 주택가인 데다 번화가와는 거리가 있어 조용하고 한산했다. 물도 흐르고 조용한 산책로에 캔들을 잔뜩 켜놓으면 얼마나 예쁠까, 하는 생각에 공방 앞에서 기획하던 캔들 파티 장소를 공원으로 옮겼다. 아롱거리듯 움직이는 캔들은 전기로 켜는 조명과는 색감과 분위기가 확연히 다르다. 이백여 개의 캔들이 물가에서 일렁이던 장면, 지나가던 주민들과 초대받은 공방 손님들, 아이들의 웃음소리로 따뜻하게 행사를 마쳤다.

다양한 공간 활용

• 작업실 + 쇼룸 + 강의실: 가장 많이 상상하는 모습이다. 하지만 물건이 많은 쇼룸에서 수업을 하는 일은 쉽지 않다. 쇼룸은 한쪽에 잘 정돈하고 수업 공간을 가변형으로 만들어 공간을 분리한다.

• 사무실: 책상 하나로 시작해도 충분하다. 나중에 서류가 늘고, 물건이 늘어나면 그때 선반이나 책장을 구비해도 늦지 않다.

• 모임 장소 + 공간 대여: 크고 작은 모임은 꾸준히 늘어나는 추세다. 예전에는 단체석만 있으면 모임 장소로 정하곤 했는데 최근에는 모임의 특성과 프라이빗한 느낌 때문에 공간을 통째로 대여하고 싶어 한다. 공방이 한가한 시간, 혹은 시간을 지정해 성격에 맞는 모임에 공간을 대여해 주는 것도 추천한다.

• 전시: 공간의 한쪽 벽면을 깔끔하게 정리해서 전시장으로 활용한다. 공방의 제품을 소개해도 좋고, 다른 브랜드와 협업하여 다양한 이벤트나 전시를 기획해도 좋다.

• 팝업 스토어: 공간과 성격이 맞는 브랜드가 있다면 초대해서 팝업 스토어를 열어보는 것도 가능하다. 협업과 같은 다양한 활동은 우리 공간에도 새로운 경험이 된다.

• 편집숍: 공간을 분리해서 편집숍을 운영하는 것도 추천한다. 위탁 판매 형식으로 수수료를 받아 물건을 판매, 관리해 주면 다양한 물건이 있어 우리 공방에 더 많은 사람이 방문할 수도 있다.

원가계산과 재고관리 :
내 인건비는 어떻게 책정하는 걸까

　　판매하고 싶은 제품을 만들었는데 얼마에 판매해야 하는 걸까. 그 중 내 인건비는 얼마나 될까? 〈퇴사학교〉에서 '핸드메이더를 위한 공방창업학교' 수업을 일 년 반 정도 진행하고 나니 외부 강의가 하나둘 잡히기 시작했다. 주로 기본적인 공방 운영과 경영 팁을 알려주고 개개인 컨설팅을 통해 어떤 일을 보강하고 앞으로는 어떤 방향으로 진행하는 것이 좋은지 재정비를 하도록 조언했다. 개인 컨설팅을 진행할 때 공통적으로 하기 싫어하는 일이 바로 원가계산이다. 대충 알고 있거나 해본적 있다고 하지만 정확하고 꼼꼼한 리스트를 가지고 있는 분은 만나기 힘들다. 어쩌면 공방 업무 중 가장 회사 업무와 가까운 일일 수도 있겠다. 그래도 원가계산은 가장 중요한 일 중 하나이니 짚고 넘어가지 않을 수 없다.

순수익 = 판매가 – 원가 – 인건비 – 부대비(임대료, 장비, 세금 등)

위와 같이 계산하면 우리가 말하는 순수익을 계산할 수 있다. 안타깝게도 현실적으로는 인건비를 따로 계산하지 않는 추세다. 원가를 꼼꼼히 따져보려면 한 개의 제품에 재료가 얼마만큼 들어갔는지 정확히 알아야 한다. 물론 재료마다 특성이 다르니 정확히 나누기 힘들 수도 있으나 기준은 정하기 마련이다. 아래 표를 참고해 보자.

캔들 원가계산

재료	왁스	향료	나무심지	나무심지탭	박스	화지	스티커 2종	사용설명서
묶음기준	1kg	100ml	10개	100개	100장	100장	1,000장	200장
1개기준	1g	1ml	0.5개	1개	1장	1장	1장	1장

＊ 왁스 원가 = 1kg가격 ÷ 1g가격 × (사용량)

먼저 하나의 제품을 만드는 데 어떤 재료들이 들어가는지 파악할 필요가 있다. 각 재료를 되도록 소단위로 나누어 계산해서 기록한다. 가죽이나 천 같은 종류는 가격과 너비의 기준이 다양하니 저, 중, 고 가격대의 물건들을 세 개씩 원가계산해 평균을 내면 어느 정도 기준점을 잡을 수 있다. 처음 원가계산을 하면 복잡하고 이렇게까지 세세하게 해야 하나 싶을 수도 있지만 1g 단위, 혹은 면적 단위로 계산해 놓으면 다른 물건을 계산하기도 훨씬 수월하다.

원가계산을 하지 않고 한두 개 정도 판매할 때는 큰 문제가 되지 않지만, 여러 개의 물건을 제작할 때 원가를 미리 계산하면 수익과 지출의 오차가 줄어든다. 물건을 만들어 판매하면 대량 주문이 들어오기도 한다. 보통 대량 주문은 할인을 요구하기 때문에 원가를 정확히 알고 있어야 적절한 할인 폭을 제시할 수 있다. 종종 무리한 할인을 요구하는 경우도 있는데 원가와 작업 시간을 고려했을 때 큰 폭의 할인 조정은 힘들다고 말하면 수긍하기도 한다. 아무리 좋은 기회라고 할지라도 작은 수익이라도 생기지 않으면 진행하지 않는 것이 좋다.

재료의 원가만 제대로 계산해도 기본적인 수익을 알 수 있다. 한 개가 팔렸을 때의 수익이 얼마인지 알면 몇 개를 팔아야 내가 원하는 만큼의 수익을 올릴 수 있는지도 알 수 있다. 그에 따라 추가되는 서비스도 생각할 수 있어 새로운 비즈니스 모델을 계획하기도 한다.

두 번째로 생각할 것은 부대 비용이다. 집에서 제품을 만들기도 하지만 작업실이나 사무실에서 제품을 만들기도 한다. 그렇다면 월세와 전기세 등도 포함해야 하는 걸까? 또한 제품 제작에 필요한 장비 비용은 어떻게 원가에 반영하는지도 살펴보자.

부대 비용을 두 가지로 나누면 공방을 유지하는 데 들어가는 유지 비용과 소모품 비용이 있다. 유지 비용은 수도, 전기 등 각종 공과금에 월세도 포함한다. 장비는 한 번 구입하면 오래 사용할 수 있지만 주기적으로 교체하는 소모적인 재료들은 소모품 비용에 포함한다. 장비나 소모품에 대한 가격은 천차만별이기 때문에 리스트를 뽑아 평균 비용을 계산하고 금액에 따라 비율로 원가에 추가하자. 우리 공방에서는 유지 비용과 소모품 비용의 평균을 3~5%로 잡는다. 부대 비용이 적게 들어간다고 생각하면 3%, 장비와 전기 등을 많이 사용한다면 5%를 부대 비용으로 책정한다.

그렇다면 세금은 어떻게 포함할까. 간이과세자는 대략 2%로, 일반과세자는 10%를 더하면 된다. 이렇게 저렇게 빼고 나니 순수익이 너무 적다고 생각할 수 있다. 재차 강조하지만 원가를 계산하는 이유는 사기를 꺾기 위함이 아니라 수익 구조를 정확히 파악하기 위해서다. 운영에 어려움이 있다면 원가절감을 고려하지 않을 수 없다. 만약 운영에 어려움이 있다면 브랜드를 먼저 정착하고 난 후, 고가라인 제품을 만들어도 늦지 않다.

원가표를 만들다 보면 자연스럽게 재료 리스트가 만들어진다. 재료를 구비할 때 한 번에 대량으로 구매하면 편하지만 재료를 쌓아놓는 건 돈을 쌓아놓는 것과 비슷하다. 처음에는 재고 파악이 쉽지 않으니 시즌에 따라 재료를 적절히 구매하고 소모하는 방법이 좋은 수익 구조를 만드는 데 도움이 된다.

원가계산과 순수익을 계산하면 의문점이 든다. 순수익은 나의 인건비일까? 제품을 만들고 나서 가격을 책정해야 하는데 원가를 다 계산하고 보니 인건비는 어떻게 계산하는지 여간 어려운 일이 아닐 수 없다. 물건을 만들어 써본 적이 없는 사람들은 하나의 물건을 만드는 데 얼마나 많은 시간을 고민하고 여러 번의 시행착오 끝에 하나의 제품이 만들어지는지 잘 모른다. 그리고 물건을 처음 만들어보는 사람들도 이 작은 물건을 만드는 데 오랜 시간과 공을 들여야 한다는 점을 알고 나면 놀라기도 한다. 막상 내가 만든 물건을 다른 누군가 사고 싶어 해서 가격을 생각해 보니 이제까지 한 고생을 생각하면 팔기도 아까울뿐더러 어떻게 가격을 책정할지 막막하기만 하다.

가장 쉽게 인건비를 계산하는 방법은 제품을 만드는 시간에 시간당 최저임금(2020년 최저임금 8,590원)을 적용하는 것이다. 살짝 손해보는 기분이긴 하지만 그래도 기준이 필요하다면 나쁘지 않은 선택이다. 점점 주문이 많아지고 클래스 진행도 늘어나면 물리적으로 시간이 부족해서 모든 주문과 클래스를 감당하기는 힘들다. 그럴 때 조금씩 시급을 올리는 것도 좋은 방법이다. 실제로 시간은 금이다. 경력과 경험이 부족할 때 나의 시급은 최저임금으로 책정되지만 차츰 인지도가 생기면 스스로와 고객에게 인정받을 수 있을 만큼 시급을 올릴 수 있다.

사실 인건비를 '0,000원'이라고 책정하기엔 계획, 준비, 제작, 홍보하는 시간을 모두 포함하기 애매하다. 또 아무리 인건비를 정확하게 책정해서 원가에 더하려고 해도 시장에서 통하지 않는 가격이라면 실행할 수도 없다. 그래서 인건비를 정하는 데도 사전 조사가 필요하다. 각각의 분야에서 통용되는 일반적인 가격이 이미 시장에 존재하니 비슷한 품질의 브랜드 제품 가격을 참고해서 자신의 제품과 비교해 보자.

핸드메이드 저작권 백서 :
아는 만큼 필요한 데 쓸 수 있다

핸드메이드의 영역이 점점 넓어지고 일상화되었다. 원데이 클래스를 통해 직접 만드는 체험도 많아졌고, 일상에서 사용하거나 작은 선물용으로 만드는 일도 늘었다. 플리마켓도 부쩍 많아져 시청이나 구청에서 플리마켓을 열기도 하고 대형 쇼핑몰이나 백화점에서도 꾸준히 여는 추세다. SNS를 통해서 핸드메이드 작가들의 계정을 쉽게 만나볼 수 있는데, 제품 사진만 올려 포트폴리오의 역할을 하는 계정, 일상과 함께 올려 작가의 라이프 스타일을 공유해 사람들이 브랜드에 호감을 느끼도록 만든 계정도 있다. SNS를 둘러보면 종종 프로필이나 제품 사진에 '도용 금지' 또는 '저작권 있습니다'라는 문구가 보이기도 한다.

저작권이란 무엇일까. 저작권은 저작물(인간의 사상 또는 감정을 표현한 창작물)을 만든 저작자(저작물을 창작한 자)가 가지는 권리를 말한다. 저작권은 저작자가 저작물을 만드는 동시에 생겨나지만 법적 효력을 가지려면 저작권법에 따라 등록해야 한다. 저작권법에 등록할 수 있는 저작물은 복제가 가능하고 독자성을 인정할 수 있는 것* 이어야 한다. 고로 독자성을 인정받지 못하면 저작권을 등록할 수 없다는 이야기다.

동종 업계에 마음에 드는 브랜드가 있을 수 있다. 그럼 내가 그 브랜드 제품을 똑같이 만들어서 판매해도 되는 걸까? 부분적으로 참고하거나 따라 한 것이 아니라 똑같이 만들어 판매한 경우 다른 사람의 아이디어를 이용해 소득을 얻었기 때문에 도용한 쪽의 소득이 높아진다면 특허가 따로 없어도 소송이 가능하다. 소송으로는 쉽게 문제가 해결되지 않지만, 소송이 가능하다는 것이 중요하다. 소송에 앞서 입장을 바꿔 생각해 보자. 정성 들여 만든 내 작품을 누군가 똑같이 만들어 판매한다고 가정한다면 나는 과연 괜찮을까?

어느 날 이본느모건의 자수 도안을 다른 사람이 사용하고 있다며 수강생에게 연락이 왔다. 확인해 보니 경기도의 한 공방에서 거의 유사하게 도안을 만들어 수업하고 있었다. 도안의 비율과 형태, 색감, 스티치까지 같았다. 물론 식물을 표현하는 스티치의 방법은 우리 공방에 저작권이 있는 건 아니지만, 문제는 도안이었다. 해당 도안은 우리 공방에서 판매하는 초기 도안이었고 그 공방에서 사용하기 이 년 전부터 온라인에서 판매하고 있었다. 연락을 통해 정중히 저작권 내용을 알렸다. 이미 온라인에서 판매를 하고 있었고, 제삼자가 보기에도 모방한 도안 같다는 지점을 말하니 이미 진행하고 있는 수업까지만 마무리하고 해당 도안은 앞으로 사용하지 않기로 정리했다. 내 저작권은 다른 사람이 지켜주지 않는다. 몰랐다면 어쩔 수 없겠지만 발견한 이상 권고를 하는 것이 서로에 대한 예의다.

이미 존재하는 창작물을 자기만의 시선으로 해석해 2차적저작물을 만드는 것에 대해 살펴보자. 예를 들면 영화 〈이터널 선샤인〉의 포스터를 재해석해 자수 도안으로 만든 경우다. 원칙적으로는 원저작권자에게 동의를 구하고 제작해야하지만 보통 소량으로 제작하고 판매하는 경우는 권리침해로 문제가 되지는 않는다. 오히려 많은 영화나 가수, 배우 등 패러디되어 2차적저작물이 만들어지는 것이 홍보의 일환으로 받아들여지기도 해서 권리침해의 지점이 모호해지기도 한다. 만약 2차적저작물의 창의성이 인정된다고 하더라도 원저작자의 권리가 주장된다면 2차적저작물의 저작자는 자신이 창의적으로 기여한 부분에 대해서만 권리를 가질 수 있다는 점도 참고해야 한다.

영화 〈이터널 선샤인〉의 포스터를 재해석해 '자수 도안으로 만들어서 판매하는 경우는 2차적저작물로 판단해도 될까요? 이런 경우 원저작자에게 권리침해가 될까요?'라고 전문기관에 물어보면 아래와 같은 답변을 받을 수 있다.

우리 저작권법에서는 원저작물을 번역·편곡·변형·각색·영상제작 그 밖의 방법으로 작성한 창작물을 2차적저작물이라 규정하고 이를 독자적인 저작물로서 보호하고 있습니다(저작권법 제5조 제1항). 우리 법원은 "2차적저작물로 보호를 받기 위하여는 원저작물을 기초로 하되 원저작물과 실질적 유사성을 유지하고, 이것에 사회통념상 새로운 저작물이 될 수 있을 정도의 수정·증감을 가하여 새로운 창작성이 부가되어야 하는 것이며, 원저작물에 다소의 수정·증감을 가한데 불과하여 독창적인 저작물로 볼 수 없는 경우에는 저작권법에 의한 보호를 받을 수 없다"고 판단하고 있습니다. (대법원 2002. 1. 25. 선고 99도863판결.)

우리나라뿐 아니라 전세계 창작자들 사이에서 모방은 대부분 저작권 권리 소송 이후 문제로 발생한다. 법적인 문제를 떠나 창작자들 사이에서 서로의 작업을 존중하고 배려해 누군가 내 작품의 저작권을 도용할까봐 걱정하는 문화가 아니라 창작자들이 서로의 작업을 존중하고 배려하는 태도를 가지는 것이 중요하다. 그리고 그 문화는 앞으로 우리들이 함께 만들어야 할 숙제다.

한국저작권위원회 > 자료 > 저작권법제 > 국내외 법령 및 국제조약 > 저작권 법령
www.copyright.or.kr

SNS는 해야 할까 :
다각화되고 감성을 자극하는 마케팅의 진화

여느 날처럼 즐겁게 캔들 수업이 끝났다. 포토존에서 사진을 예쁘게 남기고 캔들을 포장하는 중에 후기 이야기가 나왔다. "저희 수강생들은 SNS를 잘 안 하시나 봐요~ 후기가 잘 안 올라오더라고요~" 이 말에 "여기는 진짜 저만 알고 싶어요. 저도 안 올릴 거예요."라는 대답이 돌아왔다.

그렇게 수업을 마무리하고 나서 작은 선생님(공방직원. 대표인 큰 선생님, 직원은 작은 선생님이라 부른다)과 급 회의 시간을 가졌다. 그동안 후기라는 건 꼭 경험해 본 사람이 작성해야 한다고 생각해왔다. 공방에 다녀간 분 중에서 사진을 정성스럽게 찍고 후기를 올리시는 분들도 있지만 다녀간 분들에 비하면 후기가 너무 적었다. 그래서 이제부터 수업 사진을 우리가 직접 찍어서 올리기로 했다. 캔들을 한 번 만들어보고 싶어서 오는 분도 있지만 다양한 사연으로 선물을 만들기 위해 오는 분들이 많았다. 1:1 수업을 진행하다 보니 수강생들과 깊은 얘기도 나눌 수 있다. 결혼한 후 시어머니의 첫 생신이라든지, 십 년 만에 퇴사해서 직장 동료들에게 선물하고 싶다든지, 고백하기 위해 만들고 싶은 경우 등 사연을 알고 만드니 캔들이 더 소중하게 느껴진다. 이런 재미있는 이야기를 이제껏 그냥 흘려보내다니, 우리만 알 수 없지! 다음 수업부터 우리가 직접 사진을 찍었다. 신경 써서 찍다 보니 수강생들의 인생 사진도 어렵지 않게 건졌다. 예쁘게 나온 사진은 미리 공지하고 블로그에 올렸고 사진을 추려 수강생에게 선물로 보냈다. 보낸 사진은 어김없이 프로필 사진으로 게재되는 경우가 대부분이다. 사진이 예쁘니 본인의 SNS에 업데이트하고 싶어 하는 것이다.

수업을 마치고 떠나기 전에 "저희 인스타그램도 태그해 주세요."라는 말도 잊지 않는다. 석 달 정도 지났을까, 수업 신청이 세 배로 늘었다. 그러고 보니 나도 물건살 때 후기를 꼭 확인하는 편이다. 심지어 오프라인에서조차 사고 싶은 물건이 있으면 휴대폰으로 바로 검색을 하는 습관도 생겼다. 나조차도 후기를 이렇게 중요하게 생각하면서 진작 공방의 후기를 신경 쓰지 않은 걸 후회했다. 늦었다고 생각할 때가 가장 빠른 법, 그날 이후로 약 일 년 동안 진행한 수업 내용을 대부분 블로그에서 확인할 수 있게 했다.

공방을 하는 지인이 "어떻게 ○○에 입점하게 됐어?"라고 묻기도 한다. 자랑처럼 들릴지도 모르지만 나는 대부분 "먼저 그쪽에서 연락이 왔어."로 답한다. 하지만 사실이기도 하다. 공방 초기에는 내가 영업을 하는 경우도 있지만 최근 들어서는 부담스러울 정도로 연락이 많이 온다. 그 이유가 무엇일까?

정답은 지속적인 노출이다. 여러 개의 SNS를 모두 관리해야 하는 것은 아니다. 하지만 본인이 할 수 있는 범위 안에서 최대한 다양한 방법으로 그리고 지속해서 관리할 필요가 있다. 특정 기간에 꾸준히 노출해야 성과를 볼 수 있다. 다음은 우리 공방의 SNS 관리 방법이다.

1단계: SNS의 종류를 파악하자
| 인스타그램, 네이버(5종), 페이스북, 트위터, 핀터레스트 |

· **인스타그램**: 시각 이미지 중심의 인터페이스로 이미지를 보여주기에 최적화된 SNS다. 해시태그*를 기반으로 검색되기 때문에 간단한 키워드로 다양한 이미지를 보기에 편리하다. 모회사가 페이스북이므로 페이스북 페이지를 개설하여 계정을 연동해 함께 업로드하면 좋다. 트위터도 연동시키면 세 개의 채널에 한꺼번에 업데이트할 수 있다. 계정을 여러 개 만들 수 있어 공방이나 브랜드 계정, 포트폴리오 계정, 일상 생활 계정 등 용도에 따라 활용하기에 좋다.

· **네이버**: 네이버 안에 다섯 개의 플랫폼이 있는데 블로그, 포스트, 모두, 예약, 플레이스 서비스가 있다. 네이버는 전 국민이 가장 많이 활용하고 있는 포털사이트이다. 지역 고객이 타깃이라면 블로그와 포스트, 예약 플랫폼을 적극적으로 활용한다면 검색에도 유리하고 클래스 예약을 간편하게 할 수 있도록 도와준다.

· **페이스북**: 많은 사람이 사용하고 있지만, 불필요한 광고가 늘어나 이용이 뜸해졌다. 그래도 여전히 활발한 SNS다. 공방의 이름으로 '페이지' 계정을 만들어 홍보하면 좋다.

· **트위터**: 성격에 맞는다면 홍보 채널로 활용하기 좋다. 사진 첨부도 가능하지만 텍스트가 주가 되는 SNS다. 빠르게 입소문 나기 좋은 플랫폼이다. 인스타그램과 연동이 가능하다.

- **핀터레스트**: 핀터레스트**Pinterest**는 핀**Pin**과 인터레스트**Interest**

의 합성어로, 이용자 자신이 관심 있는 이미지를 핀으로 집어서 스크랩

하듯 포스팅하고 다른 사용자들과 공유하는 SNS다. 디자이너들이 이

미지를 참고하는 사이트로 유명해지기 시작했다. 이미지를 주로 게시

하는 홍보 채널로 이용해 보자.

2단계: 업데이트 리듬을 만들자

모든 SNS를 이용해 보고 어떤 SNS를 메인으로 둘지 결정하자. 내

가 사용하기 편한 SNS를 두 가지 정도 골라 운영하는 것을 추천한다.

홍보는 업로드하는 내용도 중요하지만 꾸준함이 가장 큰 비결이다. 요

일별로 스케줄을 정해서 같은 시간대에 반복적으로 올리는 것이 이상

적이다. 몇 달 정도 꾸준히 올리다 보면 자연스럽게 습관이 된다.

3단계: 감성적으로 접근하고 설명하자

유튜브 채널을 둘러보다 아이가 엄마에게 여러 가지 질문을 하는

영상을 시청했다. "엄마는 꿈이 뭐였어?" "엄마가 제일 무서운 건 뭐야?"

아이가 질문하고 엄마가 대답하는 과정에서 엄마가 아이를 얼마나 사

랑하는지, 또 아이가 엄마를 얼마나 사랑하는지 알게 되는 영상이었다.

마지막은 엄마와 아이의 마음을 아우르는 가구에 대한 설명으로 끝이

난다. 본의 아니게 광고를 보게 되었고 자연스럽게 가구 회사에 대한

이미지도 전달됐다. 최근 들어 이렇게 브랜드의 이미지와 제품의 기능

에 대해 사실적으로 전달하기보다는 감성적으로 다가가 제품이 가지는

분위기와 메시지를 전달하는 마케팅이 늘고 있다.

제품의 기능에 관해 설명하기 전에 어떤 마음으로 제품을 만들게

되었는지 설명해 보자. 화려하거나 특별할 필요는 없다. 진솔할수록 공

감하기 쉬워진다. 내 마음을 일일이 설명하기 힘들다면 책이나 영화의

이야기를 가져와 이야기해도 좋다. 내가 소비하고 향유하는 문화는 나

의 취향을 말해주고 내 브랜드를 설명해 주기도 한다.

4단계: SNS별 활용팁

• 인스타그램: 한 장의 사진을 효과적으로 노출할 수 있는 SNS다. 한 장의 이미지가 주는 홍보 효과가 크기에 사진 촬영과 편집에 신경을 써야 한다. '스토리' 기능은 실시간 올릴수록 노출이 더 많이 된다. 좀 더 효율적으로 인스타그램을 업데이트하려면 업데이트 시간을 미리 정해 놓는 것이 좋다. 인스타그램에는 미리 사진을 고르고 글을 써두는 예약 기능이 없다. 직장인을 타깃으로 한다면 출퇴근 시간으로, 혹은 잠들기 전에 볼 수 있도록 올리는 것도 좋다.

인스타그램에 글을 쓸 때 줄 바꾸기가 안 되고 하나의 단락으로 길게 이어지는 경우가 있다. 이때 행간 정리 사이트 인스타공백닷컴 **instablank.com**을 써보자. 메모 애플리케이션에 글을 쓰고 복사해서 붙여넣기 하면 줄 간격을 신경 쓰지 않고 원하는 모양으로 업데이트할 수 있다.

• 네이버 블로그: 블로그를 통해 검색하는 사람들은 많은 사진과 정보를 확인하는 것에 익숙해져 있다. 전문적인 내용과 일상의 모습을 적절히 섞어 포스팅하면 다양한 타깃에 공방을 노출할 수 있다. 예약 시스템이 잘 되어 있어서 일주일 치를 미리 작성해 놓고 예약을 걸어두면 다른 업무에 더 집중할 수 있다.

네이버 내의 예약과 플레이스를 함께 활용하면 검색 시 우선 노출되기 때문에 클래스를 운영하고 싶은 공방에 꼭 추천한다. 공방에 오는 이들이 공방을 고르는 첫 번째 기준은 의외로 거리다. 가까워야 부담 없이 공방에 올 수 있는 것이다. 지역과 키워드로 검색하는 경우가 많아 블로그에 공방 근처 맛집이나 흥미로운 공간을 소개하는 것도 추천한다.

• 핀터레스트: 주로 외국인들이 이용하는 SNS였지만 국내 이용자도 꾸준히 늘고 있어 해외 고객뿐 아니라 국내 고객도 확보할 수 있는 SNS다. 자신의 SNS 링크를 복사해서 붙여넣기 하면 이미 업데이트 해놓은 블로그나 인스타그램도 손쉽게 연동할 수 있다.

온라인 강의 개설 :
클래스101, 유튜브, 네이버 TV

— *[클래스101] 안녕하세요, 이본느모건님의 온라인 클래스 수요가 있을 것 같아 연락드렸습니다 —*

어느 날, 온라인 강의 플랫폼인 '클래스101'에서 메일이 왔다. 온라인 클래스 크리에이터 섭외 메일이었다. 자수 수업을 올리고 있는 유튜브에서 영상을 보고 연락한 모양이다. 좋은 기회라 시도하려고 했으나 영상을 새로 찍어야 하는 부담감에 망설였다. 고민 끝에 일정과 맞지 않아 새로운 작업을 하게 되면 연락드리기로 하고 그렇게 삼 개월이 지났다.

나름 강의 순서를 정하고 새로운 제품을 만들어 샘플 영상을 제작한 뒤 연락을 했다. 알고 보니 클래스101 플랫폼에만 공유되는 영상이 필요했을 뿐 완전히 새로운 작업일 필요는 없었다. 샘플 영상과 강의 계획서를 작성하면서 의문점이 생겼다. 현재 우리가 만들어서 판매하는 자수 키트의 튜토리얼 영상은 모두 유튜브와 네이버 TV에 업데이트 되어 있기 때문이다. 언제 어디서나 우리의 수업을 무료로 수강할 수 있는데, 굳이 유료 사이트인 클래스101의 매출이 생길까? 그러나 결과는 놀라웠다. 클래스101에서 온라인 자수 수업을 런칭하고 첫 정산을 받은 달이 공방 오픈 이래 가장 높은 수익을 기록했다.

왜 클래스101에서 구매가 이루어지는 걸까? 곰곰이 생각해 보니 강의를 만들기 앞서 '알림 신청을 통한 수요 조사'를 통해 고객의 유무를 확인했고 병행한 설문을 바탕으로 고객의 니즈를 정확하게 파악했다. 그 결과 고객과 크리에이터의 입장을 고루 반영한 커리큘럼이 만들어진다. 고객 입장에서는 엄선된 큐레이션과 의견이 반영된 클래스라 당연히 만족도가 높다. 아직 영상 편집이 엄두가 안나더라도 콘텐츠만 있다면 걱정할 필요가 없다. 클래스101에서 제작을 도와주는 멤버십 제도도 있으니 살펴보면 된다.

온라인 강의 서비스는 수수료가 부담돼 망설이게 되지만 한 번쯤 시도해 볼 만하다. 그들은 수수료를 받고 능동적으로 내 제품을 판매해 주는 든든한 영업 사원이다. 그들과 협업하여 양질의 콘텐츠를 생산한다면 서로 윈윈하는 지름길이 된다. 온라인 강의 사이트에 공방에 관한 간단한 소개 글과 사진만 있으면 수요 조사를 시작할 수 있다. 콘텐츠가 있다면 망설이지 말고 지원해 보자.

유튜브 채널 개설은 공방을 오픈한 2013년부터 생각한 일이다. 하지만 공방을 오픈하고 보니 생각보다 할 일이 많아 자연스럽게 뒤로 밀려났다. 이 년이 지나서야 공방의 소소한 일상을 유튜브에 공유하기 시작했다. 자수의 스티치 기법을 찍어 올리거나 자수 튜토리얼 영상을 만들었다. 시간이 걸리고 더디게 성장했지만 스스로 조금씩 발전하고 연습한 셈이다. 오 년 차가 된 유튜브 채널과 이제 시작한 지 얼마 안 된 네이버 TV 구독자는 천여 명이다. 우리 공방의 채널은 자수 키트 튜토리얼 영상이 기본이라 타깃이 명확하다. 일상 속 이야기도 가끔 올리지만 성격이 명확한 수업 영상을 주로 업데이트한 것이 온라인 강의 사이트에서 먼저 연락한 이유라고 생각한다.

네이버 TV는 네이버 쇼핑과 연동되어 있다. 국내 고객이 타깃이라면 제품을 포장하거나, 제작 과정, 판매 제품에 관한 기본 정보 등을 올리고 상품 링크와 연동하면 검색에도 유리하다. 영상을 만들었으니 두 개의 플랫폼에 올려 고객 층을 확장시키자.

영상은 자신이 운영하는 공방과 브랜드를 다양하게 보여주는 하나의 홍보 채널이 될 수 있다. 중요한 점은 '꾸준한 업데이트'다. 영상 편집자나 PD가 아니기에 처음부터 마음에 쏙 드는 영상을 만들 수 없지만, 영상이 마음에 들지 않더라도 꾸준히 업데이트하면 충분히 사랑받는 콘텐츠를 만들 수 있다.

영상 촬영이 부담스럽다면 '인스타그램 스토리' 올리기부터 시작해 보자. 스토리는 사진과 영상 업로드 시 텍스트나 이모티콘 효과도 넣을 수 있다. 간단한 영상을 만드는 게 습관화된다면 자연스럽게 긴 영상도 만들고 싶어진다. 영상을 만들 때 무료 소스를 제공하는 플랫폼이나 영상 강좌 같은 원데이 클래스도 많으니 어려운 프로그램 사용에 고민하지 말자.

영상 편집으로 자주 사용하는 두 가지 프로그램을 소개한다.

• VLLO블로 애플리케이션: 휴대폰으로 영상을 찍어서 바로 편집하기에 좋은 애플리케이션이다. 영상을 자르고 붙이는 기본적인 편집과 자막에 효과를 사용할 수 있다. 대부분 무료이며 유료 옵션도 저렴한

편이어서 구매하면 다양한 효과를 사용할 수 있다. 주로 인스타그램에 올릴 수 있는 간단한 영상을 만들기 좋은 애플리케이션이다.

• Vapmix^{뱁믹스}: 컴퓨터로 간편하게 영상을 편집하는 프로그램이다. 초보자도 쉽게 사용할 수 있도록 사용법이 간결해 친근하게 영상 편집에 다가가기 좋은 프로그램이다. 프로그램에서 '도움말'을 참고하면 무료 버전으로도 훌륭한 영상을 만들 수 있다.

페어에 도전하자 :
큰 수익이 되지 않더라도 꾸준히 참가하자

공방을 운영한 지 오 년째 되던 해에 '서울국제핸드메이드페어'에 참여하기로 했다. 이전에도 주변에서 페어에 나가보라는 제안을 해왔지만, 그때는 시기가 아닌 것 같아 보류했다. 페어는 좀 더 공방의 성격이 명확해지는 시점에 참가해야 한다. 캔들로 시작해서 자수를 겸하는 공방이지만 보자마자 "아, 이건 이본느모건에서 만든 거구나!"라고 떠올리는 대표 제품이 없었다. 그해는 열심히 준비한 끝에 '프랑스 자수 DIY 키트'를 대표 제품으로 내세울 수 있겠다고 판단해 오 주년 기념으로 페어에 나가기로 했다.

페어에서 좋은 성과는 어떻게 낼 수 있을까? 서울국제핸드메이드페어는 총 4일간 이루어지며 부스에 따라 다르지만 약 백 만원 정도의 참가 비용을 낸다. 적지 않은 금액이다. 월세에 버금가는 금액인데 설치하는 하루를 포함하여 5일 동안의 참가 비라니 부담스럽지 않을 수 없다. 이 비용을 감수하면서 얻고자 하는 성과가 무엇인지 더 구체적으로 고민해 보고 참가 여부를 결정할 필요가 있다.

가장 중요한 목적인 '브랜드 홍보와 가장 알리고 싶은 것 한 가지'를 중심으로 계획을 짜기 시작했다. 목표가 명확할수록 준비하는 내용도 더 세분화된다. 가장 알리고 싶은 주제가 결정되지 않았다면 홍보하고 싶은 내용을 나열해 보자. 작품 전시, 제품 홍보, 클래스 홍보, 프로젝트 홍보 가운데 순위를 정하고 가장 중요한 것 위주로 준비하면 차근차근 준비할 수 있을 것이다.

서울국제핸드메이드페어의 참가 팀은 300여 팀으로, 관람객 수는 3만 명이 넘는다. 수많은 참가팀 사이에서 우리 공방만의 메시지에 힘을 실을 필요가 있다. 다양한 제품을 같은 비중을 두고 전시할지, 한 가지 제품에 비중을 두고 다른 제품들은 양념처럼 전시할지 등 여러 각도에서 고민해 볼 필요가 있다.

페어에서 소개하고 싶은 대표 제품은 '프랑스 자수 DIY 키트'였다. 자수를 시작할 수 있는 기본 구성품과 도안을 한꺼번에 구매할 수 있게 한 초보자 키트다. 페어에는 키트를 자세히 살펴볼 수 있도록 15종의 인쇄 도안과 샘플을 준비했다. 영상을 보고 집에서 혼자 만들 수 있는 키트였기 때문에 영상을 틀어놓은 화면도 준비한다. 자수 키트를 집에서 만드는 사람은 자수 클래스를 듣고 싶은데 여건이 여의치 않은 이들이다. 키트로 만들다보면 오프라인에서도 직접 클래스를 듣고 싶어질지 모르니 수업 안내지도 준비한다. 페어에는 현금 결제도 많아 거스름과 카드 단말기도 준비한다. 페어 측에서 종이봉투를 제공하지만 우리 브랜드를 알리고 싶어 이본느모건만의 종이봉투를 제작하기도 했다.

어떻게 하면 자수 키트를 다양하게 보여줄지 고민하다 샘플을 최대한 많이 보여줄 수 있게 천장에 매달아 장식하는 행잉 소품을 만들기로 했다. 샘플 구성 및 설치 공간까지 결정했으면 반 이상 온 셈이다.

　　페어는 보통 오전 열한 시에 시작해서 오후 일곱 시까지 운영한다. 평일이라 사람이 적다고 생각한다면 오산이다. 일 년에 한 번 열리는 행사이니만큼 평일에도 관람객은 꾸준히 방문한다. 자리를 비울 수 없으니 혼자 참가한다면 사탕이나 초콜릿 같은 간식과 물, 음료수를 미리 준비해서 출근하는 게 편하다. 손님들과 얘기하고 자리를 지키려면 든든히 먹는 것이 좋다. 공방이나 브랜드의 홍보 문구와 가격 등은 POP로 제작해 놓는다.

　　공간 구성이나 가격 안내 등 예상치 못했던 피드백이 있다면 반영해 다음 날은 변경해서 배치하는 것이 좋겠다. 주말에는 사람이 훨씬 많다. 전시장을 보고 싶어도 사람에 가려 보지 못하는 경우도 많다. 이런 경우를 대비해 부스 위쪽이나 뒤 벽면에도 대표적인 작품이나 POP를 설치하면 빈틈없이 브랜드를 알릴 수 있다.

　　페어는 두 번 참가했는데 각각 성격이 다른 부스를 신청했다. 첫 번째는 조립 부스, 두 번째는 목공 부스다. 조립 부스는 가격이 상대적으로 저렴하지만 견고해 보이지 않는 단점이 있다. 설치된 부스 벽에 천을 달면 미흡한 벽면을 훨씬 깔끔하게 가릴 수도 있다. 두 번째 참가는 욕심을 내어 목공 부스로 참여했다. 브랜드 이미지를 더 확고하게 보여주고 차별화를 두기 위해 뒤쪽 벽 크기에 맞춰 실제 공방의 모습을 그대로 출력해 붙였다. 페어에 오는 관람객에게 공방에 방문하는 것 같은 경험을 드리고 싶었다. 일반 시트지로 시공하면 떼어낼 때 벽면에 손상을 입힐 수 있으니 접착과 제거가 용이한 '켈지 출력'을 추천한다.

　　두 번째 페어를 위해 우리 공방만의 색이 담긴 시리즈 제품을 만들었다. 예전에는 신상품을 만들면 한 가지로 그쳤을 테지만 페어에서는 시리즈로 만든 제품으로 힘을 실어 좀 더 성장한 모습을 보여주고 싶었다. 총 8종의 시리즈를 제작했고 과감하게 그 외의 샘플은 디스플레이

하지 않았다. 여러 가지 자수를 보여주는 것보다 이제는 브랜드 특성에 맞는 결과물을 보여주는 게 중요했다. 명함을 준비했다면 매대 앞쪽에 두는 것이 좋다. 페어에 방문하는 업체 관계자들은 바쁜 거래처를 방해하는 것보다 명함을 가져가는 방식을 선호한다.

페어에 참가하기 전에 페어에 관람객으로 방문해 다른 공방은 어떤 방식으로 부스를 운영하는지 살펴보자. 제품은 어떻게 디스플레이하는지, 부스는 어떻게 구성했는지, 어떤 이벤트를 진행하는지 등을 파악하자. 페어 참가 전 플리마켓에 먼저 출전하는 방법도 추천한다. 플리마켓은 페어의 미니어처로 행사의 규모가 다를 뿐 준비하는 과정은 거의 비슷하다. 두세 번의 경험이 쌓이면 큰 규모의 페어 참가도 거뜬하다.

핸드메이드
페어

| 핸드메이드 페어 일정 |

페어 이름	행사 시기	신청 기간	비고
서울국제 핸드메이드페어	5월	조기 신청 기간 11월 중	seoulhandmadefair.co.kr
핸드아티코리아	2, 7, 12월	스프링, 섬머, 윈터로 나누어 신청	handarty.co.kr
K-핸드메이드페어	12월	조기 신청 기간 7월, 참가 신청 기간 10월	www.k-handmade.com
공예트렌드페어	12월	4월	www.kcdf.kr

| 페어 준비물 |

제품 외에 추가로 필요한 준비물이 많으니 꼼꼼하게 챙겨 나가자. 행사 규모와 성격에 맞게 수량은 조절해서 가져가면 된다.

품목	개수	비고
판매할 제품	각 30개	어떤 제품을 준비하느냐에 따라 다르지만 기본적으로 10개 이상 준비하는 게 좋다. 행사 규모에 따라 다르니 이전 행사 자료를 찾아보자.
쇼핑백	300개	쇼핑백 외에 OPP 봉투나 에어캡, 포장용 패키지 등을 챙긴다.
현금	약 150,000원	1,000원, 5,000원, 10,000원을 섞어서 골고루 준비하자. 최근 들어 50,000원도 많이 사용하므로 10,000원 권을 충분히 준비하면 좋다.
카드 단말기, 충전기	1개	전기가 설치되어 있지 않은 경우가 있으니 미리 충전해 놓고, 돌발 상황을 대비해 카드 단말기 충전기도 필수로 챙긴다.
탭태블릿	1개	제품 홍보 영상을 틀어 놓을 수 있는 모바일 단말기가 있으면 좋다.
노트, 펜, 매직	노트 1개, 필기구 3개	판매되는 제품의 목록과 개수, 금액을 체크하면서 판매하자. 매직이나 네임펜은 두루 유용하니 챙기면 좋다.
명함	500매	명함은 가져가기 쉽게 앞에 배치한다.
홍보 엽서 혹은 리플릿	500매	엽서와 리플릿에는 브랜드 소개와 메시지를 담고 싀 스티커는 공방 로고나 간단한 이미지를 넣어 제작한다.
제품 샘플	각 1~2개	행사 성격과 디스플레이에 맞게 필요한 만큼 준비한다.
가위, 칼, 박스 테이프	각 1개	꼭 찾으면 없다! 박스에 넣지 말고 가방에 넣어서 가져가자.
pop	2~3장	브랜드 설명, 제품 설명, 가격, 연락처와 SNS를 기재하자.

공방 언니의 노하우 4

창업 지원
사이트

정부, 기업 지원

- K-스타트업(창업넷)

다양한 창업 교육과 멘토링, 공간 대여 사업 등을 상시로 진행한다. 여러 교육과 공모를 통해 직간접적으로 창업 준비에 도움을 받을 수 있다. 가입하고 메일링 서비스를 신청하면 다양한 지원 사업 정보를 받아볼 수 있다.

H. www.k-startup.go.kr   T. 1357

- 서울산업진흥원

다양한 창업 자료와 지원 사업 정보를 확인할 수 있다. 중소기업을 대상으로 상담이나 교육을 진행하고 있으니 상시로 확인하면 좋다.

H. www.sba.seoul.kr   T. 1577-7119

- 소상공인마당

소상공인에 특화된 교육, 컨설팅, 상권 정보, 신사업 안내 등 다양한 지원이 마련되어 있다.

www.sbiz.or.kr

- 창조경제혁신센터

지역특화 창업, 취업, 교육 사이트로 각 지방마다 기관이 마련되어 있다.

ccei.creativekorea.or.kr

- 시청자미디어재단

미디어 관련 교육을 해주는 곳이다. 스튜디오와 장비를 무료로 빌릴 수 있고 영상관련된
다양한 정보와 교육을 받을 수 있다.

kcmf.or.kr

여성 특화 기관

- 여성기업 종합정보 포털

1인 여성 기업을 대상으로 한 다양한 정보와 교육이 마련되어 있다. 여성 기업 확인서를 발
급받으면 정부에서 진행하는 다양한 지원 사업에서 우대를 받을 수 있다.

www.wbiz.or.kr

- 여성인력개발센터

여성의 취업, 창업을 돕는 정보와 더불어 각종 교육과 프로그램을 진행한다.

www.vocation.or.kr

- 여성새로일하기 센터

여성가족부의 경력단절여성 종합취업지원기관으로 다양한 교육을 실행하고 있다.

saeil.mogef.go.kr

- 한국여성발명협회

여성의 발명 활동 촉진을 위해 생활 발명, 발굴, 사업 지원을 진행하고 있다. 회원가입을
하면 특허기술사업화 및 경영지원, 변리자문등 발명 활동을 위한 폭 넓은 지원을 받을 수
있다. 여성들이 자신의 창의력을 발판으로 재능을 펼칠 수 있도록 적극적으로 지원한다.

www.inventor.or.kr

공방 운영 A부터 Z까지 :
세금부터 건물주와의 소통까지

어떤 형태로 운영하면 좋을까

공방의 운영 형태는 다양하다. 작품 판매부터 클래스, 대여 등이 있는데 지금 혹은 한 달 이내로 할 수 있는 방식을 찾아 시작해 보자. 일단 시도하면 무엇이 필요한지, 어떤 부분을 보완할지가 보이고 원하는 공방의 형태도 뚜렷해진다.

공방 운영 형태

구분	플리마켓 판매	인터넷 판매	클래스	shop in shop	공방 창업
형태	오프라인 소형 마켓 체험	온라인 판매 부업 가능	오프라인 협업 가능	오프라인 소형숍 부업 가능	오프라인 전업
필수 요건	제품설명 POP, 명함	촬영, 제품 홍보 이미지 편집	온라인 마케팅, 공간 대여	여분 제품, POP	임대료, 인테리어 제품
장점	테스트 마켓, 고객 피드백, 벤치마킹	임대료 없음, 광범위한 고객	클래스 테스트	임대료 절감	100% 내 공간, 브랜딩 최적, 오프라인 고객
단점	일회성 체험, 단기 수익 구조	홍보 어려움	모객 어려움	판매 전권 위임	일인 기업, 유지 비용
비용 (제품제외)	마켓 참가 비	판매 수수료	공간 대여비, 집기 비용	수수료, 인건비	임대료, 부대 비용, 유지비

공방의 이름과 슬로건을 지어보자

공방을 어떤 형태로 운영할지 정해졌으면 공방의 이름을 지을 차례다. 이름이 정해졌다면 특허정보넷 키프리스 www.kipris.or.kr에서 상표를 검색한다. 누군가 이미 상표를 등록했다 하더라도 업종이 다르면 상표특허를 신청할 수 있다. 특허가 아니더라도 포털 사이트나 SNS에서 누군가 사용하고 있는지도 검색해 보자. 이름을 결정한 후 공방을 설명하는 한 문장, 슬로건을 만든다. 앞서 그려보았던 마인드맵을 참고한다면 공방의 방향성이 더 잘 보일 것이다. 작은 일을 하더라도 공방의 이름과 슬로건을 걸고 하므로 신중하고 책임감 있는 자세로 임하게 된다. 지금부터 결정하는 소소한 일들이 쌓여 공방의 이미지가 된다.

사업자등록증과 통신판매신고증

• 사업자등록증

국세청 홈택스 사이트와 관할 세무서에서 발급받을 수 있다. 세금 문제는 앞으로 계속 직면해야 하니 관할 세무서에 방문해 업태, 업종에 관한 상담을 받고 신청하는 걸 추천한다. 필요한 서류는 사업자등록신청서, 신분증, 임대차계약서 사본(사업장 임차 시)이 있다.

일반과세자, 간이과세자 비교

구분	일반과세자	간이과세자
대상	간이과세자가 아닌 모든 사업자	직전 연도의 공급대(사업장별)가 4,800만 원 미만인 개인사업자
세액	매출액(공급가액) × 10%	공급대가 × 10% × 업종별 부가가치율(보통 0.5~3%)
세액공제 및 환급	매출 세액을 초과하는 매입 세액은 환급	매입 세액공제는 가능하나 환급은 불가
세금계산서 교부	가능	불가능(영수증 교부는 가능)
예정신고 의무	예정 신고 의무가 있으나 개인사업자는 고지 납부함 (예정 고지 세액이 20만 원 이하인 일반과세자는 예정 고지생략)	예정 신고 및 예정 고지 규정 없음
종합소득세 신고기한	1기: 7.1~7.25 2기: 1.1~1.25	1, 2기: 1.1~1.25
납부의무면제	규정 없음	과세 기간 잔위 공급대가 2,400만 원 미만인 경우 당해 과세 기간의 부가가치세납부 의무면제 (재고 매입 세액은 면제되지 아니함)

〈2019년 11월 기준, 세무서 안내지 발췌〉

- 통신판매신고증

　민원24 사이트와 관할 구청에서 신청할 수 있다. 필요한 서류는 회사명의 기업통장, 은행에서 발급받은 구매안전서비스 이용확인증, 신분증을 준비하면 된다. 구매안전서비스 이용확인증은 은행에서 발급받을 수 있으며 에스크로 서비스를 신청하면 된다.

　업종과 제조하는 소품에 따라 안전인증을 받아야 하는 경우도 있다. 안전인증은 사업자등록증에 '제조'가 포함된 업체만 가능하다. 일반과세자만 제조업 신청이 가능하며, 간이과세자는 업종 항목에 추가할 수 없다. 어린이 제품, 생활용품 등은 자가검사번호를 발급받아야 하는 경우가 있으니, 반드시 확인해야 한다[*].

　[*] 안전검사 관련 문의 : 한국건설생활환경시험연구원 www.kcl.re.kr, 02-2102-2500

세금 신고는 어떻게 할까

　사업자등록증을 발급받을 때 가장 많이 고민하는 부분이 세금이다. 세금은 어떻게 내야 하는지 그냥 듣기만 해도 막막하다. 업종과 상황에 따라 신고하는 방법과 신고 기간이 다양해 인터넷 검색보다는 홈택스 상담원과 통화를 하거나 세무소 또는 회계사 사무실에 방문하는 것이 좋다. 홈택스(국번 없이 126)에 전화해서 현재 상황을 설명하고 어떻게 신고하면 되는지 물어보자. 간이과세자와 일반과세자 모두 개인이 신고할 수 있도록 시스템이 잘 마련되어 있다. 두 종류의 사업자 모두 관련 지식이 부족해 신고하는 것 자체가 불안하다면 회계사 사무실과 상담 후 신고할 수 있다. 회계사 사무실에 정기 계약으로 세무 기장을 맡길 수도 있지만 일회성으로도 신고할 수 있다. 만약 회계사 사무실을 통해 신고하려면 최소 세 곳 이상 전화해서 상담해 보고 결정하자.

가계부를 정리하자

우리는 세금보다 '회계'를 더 신경 쓸 필요가 있다. 세금은 매출이 어느 정도 높아진 후 신경 써도 늦지 않다. 휴대폰에 다양한 가계부 애플리케이션이 있지만 우리 공방에서는 '네이버 가계부'를 사용하고 있다. 모바일에는 지원이 안 돼서 불편한 점도 있지만(사실 수시로 확인할 수 없는 것이 정신건강에는 더 좋다), 네이버 가계부를 사용하는 이유는 '태그 기능' 때문이다. 수입과 지출 내역에 태그를 걸어서 기록하면 나중에 태그별로 조회해서 수입과 지출 내역을 분석할 수 있다. 얼마를 쓰고 얼마를 버는지 일일이 기록하는 것은 귀찮아도 피할 수 없는 업무다. 지출 내역을 살피다 보면 중복되는 재료 구입, 과다한 샘플 비용, 효과 없는 홍보 비용 지출 내역 등 불필요한 지출이 파악된다. 이렇듯 생각지 못한 곳에서 지출이 많이 나가고 있으면 순수익이 줄어드니, 체계적으로 관리할 필요가 있다. 매출 관리를 정확하게 하는 것이 흔들림 없는 운영의 기본이다.

건물주와의 소통

건물주는 연령대도 다양하고 여러 상황이 겹쳐 있어 건물주와의 소통은 요령이 따로 있는 건 아니다. 소통은 이해관계로 직결되기 때문에 본인 입장만 주장하게 되는 경우도 있다. 종종 부당하게 월세를 올리거나, 건물이 부실해서 공사가 필요한 데도 세입자의 요청을 들어주지 않는 건물주도 있다. 공간을 계약하기 전에 건물 주인의 경제 상황을 파악하고 건물주와 이야기도 나눠본 후, 안정적인 건물에 들어가는 것이 가장 좋다. 하지만 건물주의 성향은 지내봐야 알게 되는 것이라 계약 기간 내내 답답한 상황이 계속될 수 있다. 이왕 계약하고 함께 지내야 하는 상황이라면 먼저 음료수라도 건네며 좋은 관계를 유지하는 것이 최선이다.

우리 공방의 건물 주인 할머니는 공방 바로 위에 거주한다. 할머니께서 건물 관리를 도맡아 하는데 예상치 못한 작은 에피소드들이 생긴다. 할머니는 가끔 공방에 들리시는데, 한 시간씩 즐겁게 이야기를 나누다가도 갑자기 물세가 많이 나오니 물청소는 하지 말라고 한다. 혹 들어오는 할머니의 한 마디가 세입자 입장에서는 당황스러울 수밖에 없다. 어차피 공방에 작은 세면대밖에 없어서 물을 많이 쓸 수 없는 상황이라고 너스레 떨어보기도 했다. 매년 보름이 다가오면 할머니는 잡곡밥을 지어 갖은 나물과 함께 쟁반에 담아 공방으로 가져다준다. 그런 마음이 감사해 어버이날이 되면 카네이션 브로치를 만들어 달아드린다. 이 공간에서 오래 지내다 보니 자연스레 건물 주인인 할머니와 친하게 지내는 방법을 터득하게 되었다.

일의 중요성 파악하기 :
처음 하는 공방 업무 파악, 중요도 나누기

"일이 너무 많아. 시간이 없어."라는 말을 입에 달고 다니게 됐다. 세상 일을 혼자 다하는 사람처럼 바쁜데 하루에 하기로 한 일들을 다 끝내지 못하고 보내는 날들이 늘어갔다. 일은 내가 하고 있는데 줄에 매달린 인형처럼 누군가 시키는 대로 일상을 보내는 느낌이 든다. 가만히 돌아보니 어느새 주먹구구식으로, 닥치는 대로 일하고 있었다는 것을 알게 됐다. 이대로 괜찮은 걸까?

『플래너라면 스케투처럼』『정리의 기술』『성과를 지배하는 바인더의 힘』과 같은 책을 찾아 읽었다. 회사 업무에 관한 내용을 공방에 맞게 적용해 보니, 왜 일에 치이고 있는지 조금씩 보이기 시작했다. 세 가지 책의 공통점은 일의 중요도를 나눠 일의 순서를 매기고, 하는 일과 해야 할 일의 체크리스트를 만들어 지나침 없이 모든 일을 잘 소화하는 것이다.

공방을 오픈하게 되면 처음엔 중요하지 않은 일이 없다. 제품 제작부터 포장까지 신경 써야 하고 오프라인 디스플레이와 온라인 업데이트 등 말로는 금방 할 수 있는 일 같지만, 생각보다 시간이 오래 걸리는 일이 대부분이다.

캔들 수업을 한다고 가정해 보자. 먼저 강의 계획을 짜고 수업할 아이템을 정한다. 재료를 구매해서 테스트하고 어느 정도의 재료가 필요한지, 시간은 얼마나 걸리는지 파악한다. 수업 홍보를 위한 완제품을 촬영하고 패키지까지 완성한다. 어떤 수업을 하는지 내용을 정리해서 인스타그램, 블로그, 웹사이트 등 관리하는 온라인 플랫폼에 올려 홍보한다. 그리고 상담을 거쳐 예약이 잡히면 수업을 진행하면 된다. 하나의 과정에도 해야 할 업무 목록이 약 열 개 정도 된다. 이 일을 중요한 순서대로 해결해야 최대한 빠른 시일 내에 캔들 수업을 오픈할 수 있다.

일의 중요도에 대해 어느 정도 정리한 후에는 공방을 운영하는 루틴에 맞춰진 일주일간의 업무 일지를 만든다. 회사 업무에 맞춰진 메모 노트는 시중에서도 찾을 수 있지만, 공방 업무에 맞춰진 것은 없다. 없으면 만들면 된다. 업무의 중요도는 다음과 같이 네 가지로 나눌 수 있다.

급하고 중요한 일 ·······························   ○

급하지만 중요하지 않은 일 ···············   □

급하지 않지만 중요한 일 ···················   △

중요하지도 않고 급하지도 않은 일 ······   ─

위의 분류를 중요도에 따라 도형으로 구분하여 체크하는 방법도 있지만, 꼼꼼하게 기록하기에는 한계가 있어서 직접 만든 업무 일지에서는 변형하여 사용했다. 일의 중요도를 도형으로 1차 분류하고, 한눈에 파악하기 좋게 위치로 구분한다. A4용지로 출력하면 두 장을 쓸 수 있도록 A5 사이즈로 디자인했다. 반을 나눠 위에는 업무 리스트와 중요도를 적고 아랫부분에는 일주일 치의 업무 일지로 쓴다. 윗부분은 주로 회의할 때 채워나가고 아랫부분은 해야 할 업무와 해낸 업무를 매일 체크해서 누락시키는 일이 없도록 한다. 주로 △를 그려서 마무리한 일은 색칠을 하고, 동료는 마무리된 일을 색연필로 직선을 그리는 방식으로 체크한다. 업무 일지를 작성할 때는 정해진 방법은 없으니 내가 하기 가장 편한 방법을 찾으면 된다.

업무 일지를 이렇게 활용하자.

1step. **나열하자** : 오늘 혹은 이번 주에 하려고 하는 일을 중요도 없이 모두 적는다. 요령이 생기면 한 달, 반 년으로 시간을 늘린다.

2step. **순서를 매기자** : 중요도에 맞게 업무 일지에 다시 정리한다.

3step. **일을 하자** : 중요도에 맞게 순서대로 업무를 처리한다.

4step. **분석하자** : 하루 혹은 일주일 업무를 마치고 계획표의 일을 마무리했는지 체크한다. 하지 못한 일은 중요도에 맞게 다시 정리해서 다음 일지에 반영한다.

큰선생님인 나는 월, 화, 수, 금요일에는 공방에서 일하고, 목요일은 자택 근무, 토, 일은 휴무다. 작은 선생님은 휴무인 화, 일요일을 제외하고는 공방에 출근한다. 주 5일 근무를 하면서 공방을 효율적으로 오픈하려는 우리의 작은 작전이다. 매일 함께 일하지 않기 때문에 서로 어떤 일을 했는지 체크하거나 궁금할 때가 있다(우리는 회의를 하면 이후에는 각자 알아서 일한다). 그럴 때는 서로 업무 일지를 확인한다.

블로그 관리는 공방 마케팅에서 중요한 요소라 신경써서 관리하고 있다. 업무 일지 윗칸과 아랫칸 사이에서 B라고 쓰인 긴 칸이 있는데 이번 주에 어떤 내용으로 블로그를 운영할지 적어보는 공간이다. 이처럼 중요하다고 생각하는 새로운 형태의 업무가 있다면 휴대폰에 위젯을 추가하는 것처럼 업무 일지에도 넣었다 뺄 수도 있다. 일정을 관리해 주거나

메모를 정리하는 애플리케이션도 많으니 자신에게 맞는 업무 기록 방법을 찾는 것이 좋다.

의외로 가장 중요한 일은 '급하지 않지만 중요한 일'을 처리하는 것이다. 예를 들어 시즌 상품이나 신제품 제작이 그렇다. 지금 만들어놓은 제품도 홍보하기 바쁘고 할 일이 많다 보니 중요한 시즌을 놓치거나 새로운 제품을 제작하지 않아 트렌드에 뒤처지는 경우도 생긴다. 특히 시즌 상품은 해당 기간을 넘기면 판매가 곤란하니 미리 계획을 세워놓아야 한다. 모든 유행을 따라서 신제품을 만들 필요는 없지만 꾸준히 새로운 시도를 시기적절하게 해야 작품도 발전하고 다양한 생산 노하우를 얻게 될 것이다.

업무 일지에서 의외로 놓치기 쉬운 것은 일의 중요도를 결정하는 기준이다. 제품의 퀄리티, 수익 발생, 홍보 등 현재 어떤 부분이 필요하고 보완해야 할지 기준을 정할 필요가 있다.

업무 일지를 열심히 써도 업무 해결이 원활하지 않은 경우가 있다. 이유는 두 가지인데 아직 업무가 낯설거나(이는 시간이 해결해 준다) 계획한 업무가 과하기 때문이다. 누구나 실패보다는 성취감에서 힘을 받는다. 하고자 하는 일을 말끔히 해낸 성취감은 공방을 유지하는 또 다른 힘이 된다.

공방이 활성화되면 일의 가짓수는 줄지 않고 강도는 점점 높아진다. 그에 따라 사소한 일도 더욱 중요하게 되고 그 일들이 모여 공방의 앞날을 결정하는 중요한 요소가 된다. 좀 더 효과적으로 일할 필요를 느꼈고 업무 일지에 '시간'을 추가해 사용했다. 업무 일지의 포인트는 '시간 체크'다. 그동안 목표 달성 확인만 해왔다면 이제는 소요 시간도 체크한다. 그래야 다음 업무 일지를 작성할 때 무리하게 계획하지 않게 된다. 시간을 내서라도 업무 일지를 쓰는 이유는 일의 중요도를 나누고 효율적으로 정해진 시간을 사용하기 위해서다. 시간은 쓰는 사람이 어떻게 쓰느냐에 따라 빠르게 흘러가기도 하고 여유롭게 흘러가기도 한다. 할 일의 업무량과 걸리는 시간을 파악하고 일에 임하게 된다면 점점 여유롭게 업무를 처리하게 된다.

2

즐겁게 일합니다

✕✕✕✕✕✕✕✕✕✕✕✕✕✕✕✕✕✕✕✕✕✕✕✕✕✕✕

공방을 운영하는 진짜 이유 :
공부하던 시간이 알려준 것

어렸을 때부터 꿈이 화가였다. 그림 그리는 일은 내가 가장 잘하는 일이었고, 제일 하고 싶은 일이었다. 스무 살, 미술대학에 합격했다. 그러나 입시 준비와 실제 대학 수업은 매우 달랐다. 삼 년 내내 종이에 연필로 석고상을 네 시간 만에 뚝딱 그리거나, 수채화로 석고상과 정물을 함께 그리는 것만 연습했던 내가 대학에 입학해서 받은 과제는 '목욕'이나 '의자' 같은 일상의 단어였다. 기한은 일주일이었는데 정해진 재료도 없고, 사이즈도 없다. 첫 한 달은 과제를 받을 때마다 충격이었다. 나의 생각을 어떻게든 표현해야 했는데 더 큰 문제는 내가 그려 온 걸 설명해야 한다는 점이었다.

과제를 발표하자마자 교수님의 질문 세례를 받아야 했다. 예를들면 "왜 했지?" "여기에 있는 점은 왜 여기에 그렸지?" "무슨 생각으로 이

재료를 쓴 거지?"와 같은 질문인데 정리해 보면 모든 질문은 "왜"로 종결된다. 대부분의 대답은 "하고 싶어서" 혹은 "좋아해서" 아니면 "재미있어 보여서"로 취합되었다. 다른 이유가 있을까? 위 세 가지 이유는 너무나 당연해서 한번도 다시 생각해 본 적이 없는 것들이었다. 그러나 이런 이유로만은 부족했다. 학기 초반에 '생각 없는 애' 취급을 받은 나는 머리를 쥐어 짜내서 그럴듯한 설명을 준비하거나 그럴듯해 보이는 소재를 골라보려고 했다.

　과제를 할수록 일상 속 단어나 물건을 완전히 새롭게 바라보는 방식에 빠져들게 되었다. 과제를 단어로 받으면 그 단어를 종일 되뇌이며 어떤 멋있는 작업을 만들 수 있을까 고민하는 시간이 너무 즐거웠다.

　이제 와서 돌아보면 반복해서 고민하고 만들었던 연속적인 과정은 내가 만들어내고자 하는 작업에 관련된 것이 아니라 오로지 '나'에 관한 것이었다. 단어나 재료에 대한 내 생각, 작업에 대한 설명을 준비하면서 "왜?"라고 질문을 던진 교수님은 멋들어진 정답을 바라는 것이 아니라 '나'를 제대로 알게 하기 위해 정답이 없는 질문을 끊임없이 던진 모양이다. 예전에 본 독립 영화의 한 장면이 떠올랐다. 주인공이 똑같은 화병을 두 개 놓고 어떤 화병이 더 좋은지 골라보라고 친구에게 물어보는 장면이 있다. 친구는 오른쪽 화병이라고 답했고 주인공은 오른쪽 화병이 왜 좋은지에 대해서 또 묻는다. 친구는 '그냥' 더 좋게 보인다고 답했지만, 주인공은 분명히 이유가 있을 것이라고 다시 묻는다.

　좋고 싫음은 쉽게 구분할 수 있다. 하지만 구체적으로 왜 좋아하는지, 어떻게 좋아하게 되었는지 묻는다면 한번에 대답하기 어려울 수 있다. 답에는 항상 이유가 있다. 그 이유를 찾는 과정은 나라는 사람을 스스로 탐구하는 것과 같다. 그렇게 해가 갈수록 끊임없는 질문과 함께 작업도 쌓여가고 내가 하고자 하는 방향성도 분명해졌다. 처음에는 주어지는 단어들을 가지고 작업에 대한 고민을 이어나갔다면 나중에는 내가 원하는 단어로 작업하기 시작했다. 어느 날, 내가 보여주고자 하는 이미지에는 통일된 맥락이 있다는 걸 깨달았다. 그 맥락은 내가 세상을 보는 태도를 보여준다. 내가 세상을 어떻게 바라보고 느끼는지를 좀 더 명확히 파악한다면 경제적인 상황 때문에 상대적으로 박탈감을 느낀다거나, 성공하지 못했다는 자괴감으로 흔들리지 않는다. 자기 자신을 들여다보는 걸 멈추지 않고 알아간다면 세상의 중심은 나라는 걸 알 수 있다.

내가 원하는 것을 구체적으로 알지 못하면 자꾸 주변을 의식하고 의지하게 된다. 그리고 과연 지금 내가 하는 것이 맞는지 틀린지 끊임없이 의심하고 자기검열을 하게 된다. 예를 들어 취향을 제대로 모르는 상황에서 브랜드 이름을 짓거나 로고를 만들었는데, 친구가 "별로인데?"라고 말한다면 마음에 쏙 들었던 이름과 로고가 순간 별로인 것 같다고 느껴질 수도 있다. 공간을 운영하는 과정에서 다양한 피드백을 듣게 될 텐데 그럴 때마다 흔들리지 않고 마음을 다잡기 위해서도 내 취향을 속속들이 파악하는 일은 중요한 일이다.

공방을 운영하는 이유는 고루한 대답일 수 있지만 행복하기 위해서다. 공방을 운영하기로 결심했을 때, 삶의 행복을 찾기 위한 큰 도전이었다. 공방을 운영하다 보면 감당하기 힘든 어려움에 부딪히기도 하고 모든 게 부질없이 느껴질 만큼 그만두고 싶은 순간도 찾아온다. 하지만 그런 과정을 거치면서도 공방에서 얻은 작은 기쁨이 모여 결국 행복한 내가 되곤 한다. 그 행복은 안정감에서 온다. 그 안정감은 나에 대한 믿음이다.

우리 공방의 슬로건은 '온전히 자기 자신을 만나는 순간, 그리고 향기'이다. 공방에 와서 캔들을 만들거나 자수를 한다고 '온전한 나'를 바로 마주할 수 있는 건 아니다. 하지만 향을 고르고, 자신이 좋아하는 색의 실을 고르고, 디자인을 고르는 동안에 자신의 취향을 제대로 알아가게 된다. 작은 발걸음부터 시작하면 다음은 좀 더 쉬울 것이다. 맛있는 음식을 먹어본 사람은 더 맛있는 음식을 먹고 싶어 한다. 더 다양한 음식을 맛보고 알아가고 싶은 마음이 저절로 든다. 그렇게 나를 기준으로 라이프 스타일을 만들게 된다. 이렇게 내가 원하는 방식으로 삶을 꾸려간다면 좀 더 편안하고 행복한 자신을 발견하게 될지도 모른다.

작은 공간에서 열리는 무한한 가능성 :
한 가지 용도로 한정하지 말자.
그 순간 공간이 지루해진다

우리 공방은 1층에 위치해 있다. 주차장 자리를 사무실로 개조해 세를 내놓은 곳이다. 공간의 크기는 4.5평으로 아주 작지도, 크지도 않아 공방을 운영하기에 적당하다. 공간의 생김새도 직사각형이라 부분적으로 구획을 나누어 공간을 활용하기에도 적절하다. 입구 옆에 있는 전면 유리를 제외하고는 모두 벽이라 선반을 달아 활용하거나 전시 공간으로 사용하기에 알맞다.

최근 한 가지 공간을 다양한 용도로 활용하는 사례가 늘고 있다. 서점만 보더라도 전에는 책만 파는 곳이었는데 이제는 카페이면서 원데이 클래스도 진행하고 작은 공연부터 작가와의 만남까지 여러 행사가 열린다. 이런 점에서 착안해 공방에서도 할 수 있는 일들을 고민했다.

처음 삼 년은 수시로 가구나 쇼룸의 위치를 바꿨다. 점점 늘어나는 캔들의 양을 감당할 수 없기도 했고, 상황에 따라 그때그때 맞춰 공간을 재배치했다. 처음 오픈했을 때는 수업용 책상이 따로 없어서 수업 전에 업무용 책상을 급히 치우거나 책상이 부족하면 나무 박스에 예쁜 천을 깔아 이용하기도 했다. 수업을 진행하다 보니 업무용 책상은 좁고 불편해서 수업용 책상을 추가로 구매했다.

쇼룸은 이케아나 마켓비에서 구매한 철제 선반을 활용했다. 서로 통일감 있게 배치하기 좋고, 사용하지 않을 때는 분해해서 보관하면 그만이니 공간 활용에 최적화된 선반이다. 가끔 생각보다 많은 인원이 클래스에 참가하게 될 때면 쇼룸을 정리해 공간을 늘려서 사용했다. 이때만 해도 경험이 부족해 다양하게 시도해 보는 상황이었는데 시도할 때마다 필요한 만큼 공간을 바꿔가며 사용했다.

공방의 업무가 다양해지면서 그에 따라 공간도 자연스레 변했다. 이제는 더 이상 공간을 재배치하지 않아도 된다고 생각할 만큼 최적화된 구조를 만들었다. 활용도도 좋고 동선도 효율적이다. 작은 선생님은 공방으로 출근하는 일이 많아 주로 사무 책상에 앉아 일한다. 나는 업무에 따라 일하는 방식이 다양해 수업 책상을 작업대로 활용하기도 하고, 때로는 수업을 진행하기도 한다.

점점 공방에서 제품 판매가 늘어나 구석구석에 수납할 수 있도록 구조를 바꿨다. 쇼룸으로 활용하는 벽에는 선반을 달아 제품을 진열해 보여준다. 전면 유리 쇼룸은 온라인에서 가장 많이 팔리는 자수 제품을 걸어 상시 전시하기도 한다. 보여줄 수 있는 제품이 있으면 비어 있는 벽과 천장에 달아 최대한 많이 보여주는 편이다. 클래스를 들으러 오는 수강생들이 자연스레 제품을 보고 갔으면 하는 바람에서다. 간결하고 깔끔한 스타일의 공방이 많아지는 추세지만, 물건이 많고 복작복작 따뜻한 '진짜 공방'의 모습을 여전히 아껴주는 이들이 많다.

이 공간은 우리 공방이 들어오기 전에 디자인 사무실로 이용한 곳이었다. 디자인 사무실인 만큼 공간을 깔끔하게 사용하고 있었다. 귀여운 개수대가 있고 모든 벽면은 나무로 덧대어져 있어 따뜻한 느낌이 들었다. 바닥은 노출 콘크리트로 에폭시 작업이 되어 있었고 천장도 부분적으로는 사용감이 있었지만 하얀색으로 깔끔히 도색이 되어 있었다. 천장에는 ㄷ자 형태로 레일 조명이 설치되어 있어 조명 다섯 개를 추가해 좀 더 밝게 바꾸었다. 밖에서 봤을 때 공방 안이 보였으면 해서 전면 유리 전체에 붙어 있는 흰색 시트지를 떼어내고 커튼을 달았다. 블라인드가 관리하기 편하지만 따뜻한 느낌이 나는 광목천에 공방의 로고를 프린트해 직접 만든 커튼을 다니 여름에는 빛을 차단해 더위를 막아주었다. 낮에는 커튼을 풀어 놓아 은은한 분위기를 연출하고 밤에 커튼을 묶어 놓으면 공방의 따스한 조명 빛이 밖으로 새어나간다.

업무가 많아지고 인터넷으로 자수 키트를 판매하기 시작하면서 이 작은 공방에 모든 물건을 쌓아놓을 수 없게 되었다. 예전에는 재료를 소량으로 주문했지만 이제는 박스 단위로 주문할 정도로 주문량이 많아졌다. 창고를 새로 계약하나 고민했지만 집을 조금 넓은 곳으로 이사해 집의 일부를 창고처럼 사용하기로 했다. 천천히 이사를 생각하다가 동네를 산책하던 중 마음에 드는 집을 발견하고 바로 이사를 감행했다. 공방에서 오 분 거리라니! 이사한 집은 침실을 제외하고는 거실과 작은 방, 심지어 부엌 구석구석까지 공방의 연장선이다. 집에서도 업무를 보거나 제품 제작을 할 수 있도록 거실에 긴 책상을 두었다(다리와 상판이 분리되는 형태라 두었다가 페어에 나갈 때 활용하기도 한다).

이사 후에 웬만한 짐은 모두 집으로 옮겼다. 당장 필요 없는 짐을 옮기니 공방을 더 여유롭게 쓸 수 있었다. 이제는 공방 오픈 때처럼 이리저리 가구를 옮기는 소소한 재미는 사라졌지만 우리 제품을 꾸준히 사용하고 클래스를 들으러 오는 수강생에게 변함없는 품질을 유지할 수 있는 환경이 더 중요했다.

지금은 우리 공방이 잘 되는 것이 나를 위한 길이다. 그저 현재 충실히 할 수 있는 일들을 해낸다. 일과 생활이 분리되지 않아 때로는 지치고 몸도 상하기도 하지만, 하는 일에 정답은 없듯이 상황에 맞는 기회가 오면 그때그때 흘러가는 흐름을 휘어잡는 지혜가 필요할 뿐이다.

이제는 실전, 어떻게 버틸까 :
소비 패턴과 유지 비용을 생각하자

오늘도 공방으로 출근했다. 천에 먼지가 앉은 듯해서 작은 선생님과 천 더미를 몽땅 들고 건물 바깥으로 나왔다. 멀리 나갈 필요도 없이 작은 테이블과 의자를 바깥으로 옮긴 다음, 천을 그 위에 올리고 하나하나 펼쳤다. 볕 좋은 날, 두 사람이 골목 어귀에 서서 천을 털고 개키며 어제 있었던 일, 요즘 관심사를 흐름 없이 이야기하고 있는 와중에 앞 건물에 입주한 포토 스튜디오 사장님이 지나가며 인사했다.

"안녕하세요~"

"어디 다녀오시는 길인가 봐요?"

"아, 네. 은행에서 볼 일이 있어서요."

은행 서류철을 허무하게 흔들어 보이며 우리에게 물었다.

"그런데… 우리 이 일, 왜 하는 걸까요?"

삼 초의 정적. 동시에 셋 다 빵 터져 웃고 말았다.

"그러게요. 정말 우리 이 일 왜 하는 걸까요?"

자영업자들끼리만, 공방 주인들끼리 공감할 수 있는 이야기다. 우리 정말 왜 이 일을 시작했을까.

공방 창업반 수업을 운영하니 주변에서 창업하고 싶어 하는 지인들이 종종 상담하러 오곤 했다. 초기 비용 예산을 얼마나 책정해야 하는지 가장 궁금해한다. 오픈하고 최소한 육 개월에서 일 년 정도 유지비용을 가지고 있는 채로 시작하는 것이 좋겠다고 하면 그 정도는 기본 아니냐는 식으로 얘기한다. "나도 알지."라고 이야기하지만 사실 몇 달 운영해 보지 않고서는 알 수 없는 상황이 있다. 막상 오픈하고 나면 처음 하는 일이라 의외의 부분에서 지출이 많이 생기기 때문에 계획했던 예산이 틀어지기도 하고 월급을 받아 생활하던 기존의 소비 패턴이 생각보다 쉽게 사라지지 않기도 한다.

생활 패턴, 소비 리듬이 달라지면서 느끼는 변화에 맥을 못 추는 경우를 주변에서 종종 볼 수 있었다. 그렇기에 예산을 짤 때 가장 유념해야 할 점은 나의 소비 패턴을 정확히 파악하는 것이다. 어디에 얼마를 쓰는지 살펴보고 그 소비 패턴을 '공방 운영 모드'로 바꿔야 한다. 공과금, 통신비, 식비 등 생활 유지를 위해 기본적으로 필요한 소비 목록과 공방 유지에 필요한 비용을 정리하면 얼마를 벌어야 공방 유지가 가능하고, 얼마의 예산이 필요한지 정확하게 파악된다. 초기 투자 예산은 기본적으로 '보증금 + 인테리어 + 재료비'로 정리된다. 여기에 만약을 대비해 몇 달치의 월세를 포함해도 좋다. 위치, 인테리어, 운영 방식에 따라 천차만별로 달라지는 비용이라 먼저 제대로 공방의 특성을 파악하는 것이 중요하다.

그렇다면 공방 유지 비용은 얼마나 들까? 공방 운영을 앞두고 있다고 가정해 보자. 적당히 괜찮다고 생각하는 위치가 있다면 부동산을 발품 팔아 다녀보거나 온라인 사이트를 살펴보며 월세를 알아본다. 공방마다 사용하는 전기나 수도가 다를 테지만 대략 수도세는 만 원 이하, 전기료는 오만 원 정도 잡아보자. 재료비는 유지비가 아닌 초기 투자 비용으로 분류되므로 오픈하면 제품을 판매하거나 클래스를 운영하는 방식으로 재투자해야 한다. 월세, 인건비, 각종 공과금에 나의 소비 패턴을 반영하면 대략적인 공방 유지비가 정리된다. 생활비는 소비 패턴을 반영한 비용으로 생계를 위해 드는 가장 최소한의 비용으로 잡는 것이 좋다. 돈 앞에서는 나의 상태를 냉정하게 파악하는 편이 도움이 된다.

여유 자본이 있다 하더라도 공방을 시작하고 삼 년 정도는 소비패턴을 타이트하게 잡을수록 좋다. 처음에는 물건이 한두 개만 팔려도 보람차고 물건의 가치를 알아봐주는 손님들이 하나둘 늘어가는 기쁨이 크다. 하지만 판매량이 늘어날수록 처음 주문했던 재료의 양이 두 배에서 많게는 오십 배 가까이 늘어날 때가 온다. 이런 시기를 대비해서 재투자 비용을 저축하는 것이 좋다. 누군가 그랬다. 장사가 잘되는 집 통장은 원래 텅텅 비어 있다고. 한 달에 한두 번 구매하던 재료들을 일주일에 한 번씩 구매해야 한다든지 급하게 대량 주문이 들어오면 재료도 대량으로 필요하니 수익에서 여분의 자금을 항시 만들어놓아 분명 다가올 그 날을 위해 차분히 대비하면 좋겠다.

공방 창업을 하고 싶어 하는 주변인의 이야기를 들어보면 좋아하는 일을 하면서 살 수 있다면 현재 월급의 반 정도만 벌어도 좋을 것 같다는 이야기를 한다. 하지만 계산기를 열심히 두드려보면 현재 월급의 반만큼의 순수익을 내기 위해서는 생각보다 많은 매출을 올려야 유지가 가능하다는 걸 알 수 있다.

안정기에 들어가기 전까지 흔들림 없이 공방을 유지하기 위해서는 안타깝지만 절약 모드에 들어가야 한다. 꾸준한 공방 운영을 목표로 잡았다면 품위 유지비나 여행 같은 달콤한 지출을 줄여야 한다. 하지만 그렇다고 속상해하지 말자. 공방을 운영하는 삶은 여행과 많이 닮았다. 아무런 준비 없이 야심 차게 공방을 오픈했기 때문에 누구보다 치열하게 공방을 운영하게 된다. 현실에서는 여유 없는 삶을 택했지만 마음이 풍족한 삶을 꿈꿨기에 새로운 긴장감으로 늘 마음이 설렌다.

기업 원데이 클래스와 강연 :
어느 날의 호텔 출강

오늘은 오전 아홉 시까지 공방에서 작은 선생님을 보기로 했다. 오후 한 시 출근인 우리에게 오전 아홉 시는 새벽이나 다름없다. 일찌감치 공방에 도착하자마자 어제 둘이서 번갈아 가며 두 번이나 체크한 짐을 챙겨본다. 부르르. 휴대폰이 몸을 떤다. 작은 선생님에게 온 전화다. 흠, 불길한 느낌이 든다. 역시나 방금 일어났단다. 이럴 때는 상대를 책망하거나 속상한 기분을 달랠 겨를이 없다. 다행히 출강 장소가 가까워서 먼저 출발하기로 했다.

박스가 여섯 개였고 개별 박스 하나하나가 꽤 큼직해 아예 택시를 불러 이동하기로 했다. 일반 택시를 부르기가 애매하다 싶어서 대형 택시를 부르려 하는데 네 번 가까이 호출을 리셋해도 응답하는 대형 택시가 단 한 대도 없었다. 또다시 불길한 느낌이 엄습했다. 혹시나 대형 택시 예약 시스템을 검색해 보니 대형 택시는 하루 전에 따로 예약해야 한단다. 두 번째 낭패. 이제껏 규모가 있는 수업은 공방에서 좀 거리가 있는 타 도시에서 진행했기 때문에 항상 렌터카를 이용했던지라 이렇게 다를 줄 생각도 못했다. 오늘 수업 장소는 중구 소공동에 있는 웨스틴조선 호텔. 공방에서 가깝다는 이유로 살짝 방심했다.

차선책으로 중형 택시를 불러본다. 호출 신호가 가는 동안 오늘 이대로 괜찮을까 하고 중얼거린다. 갑자기 배가 고파온다. 공복에 세 시간 가까이 강의를 하긴 쉽지 않을 것 같아, 출근길에 사 온 두유를 들이켜고 바나나를 한입 넘기는 찰나 택시 예약이 잡힌다. 다행이다. 기사님이 오기 전에 부랴부랴 짐을 바깥으로 옮겨둔다. 택시가 오자마자 짐을 트렁크에 하나씩 넣고 있는데 속도가 느려서일까, 혼자 낑낑대는 게 보기 안쓰러워서였을까. 택시 기사님도 자리 털고 일어나 짐을 하나하나 실어주신다. 참, 나는 택시 복도 많지. 오늘의 난처함 중 그나마 다행이다. 택시가 출발하자마자 작은 선생님에게 전화가 왔다. 이제 곧 택시를 탄다며 미안하다고 목소리가 기어들어 간다. 일단 호텔 회의실에서 보기로 하고 아슬아슬하지만 오전 열 시에 딱 맞춰서 도착할 수 있겠다. 휴. 어찌 되었든 잘 도착했으니 다행이다.

이날 수업은 외국계 여행 회사에서 의뢰가 들어온 경우였다. 회사 내에서 기자간담회가 길게 이어지는데, 중간에 들어 있는 기획 차원의 미니 수업이다. 이날의 주제는 '여행을 추억하자'였는데 여행지에 관한 기억을 조향해서 디퓨저로 만드는 원데이 클래스다. 쉰다섯 명 정도가 오는 기자간담회였기 때문에 한 명 한 명 모두 신경 써야 하는 클래스다. 게다가 모기업의 해외 지사 직원들도 클래스에 참여했다. 보통 기업 단체 강의는 자사 직원을 대상으로 하므로 격식 없이 즐겁게 시간을 보내는 데 초점이 맞춰져 있는데, 이번 강의는 한 여행사의 브랜드 이미지 메이킹까지 도와주는 행사인지라 요구 사항도 꽤 복잡하고 많았다.

출강을 할 때마다 전용 클래스 안내지를 만든다. 이번 행사의 포인트는 여행지에서의 기억을 집에서도 다시 느껴보자는 내용이다. 여행지의 느낌을 살려 조향해야 하는 데다가, 수업 시간도 삼십 분으로 무척 짧았다. 우리도 처음 기획안을 들었을 때 당황했다. "삼십 분 만에 클래스가 가능하다고?" 중간 과정을 빼고 쉽게 이해할 수 있도록 구성하는 게 중요했다. 불필요한 중간 과정은 모두 생략하고 현장에서는 만들기 쉽도록 구성했다.

향료도 네 가지로 한정했다. 각 향에는 여행지의 느낌을 이름 붙여 직원들이 원하는 향을 쉽게 고르도록 했다. 예를 들면 이런 식이다. 시원한 향이라면 '탁 트인 바닷가에서 불어오는 바닷바람의 기억이 담긴 오션 향'이라고 자세히 설명을 붙였고 그렇기에 조향 시간도 짧아졌다. 디퓨저 베이스도 미리 소분해 놓았다. 이 과정만 미리 준비해둬도 대략 이십 분은 절약한 셈이다.

클래스 진행 중에는 아무리 마이크를 들고 이야기를 해도 행사 중이다 보니 강사의 설명에 제대로 집중하는 사람은 거의 없다고 보면 된다. 중간에 질문이 이어지면 삼십 분으로는 택도 없다. 최대한 자세하게 만드는 과정과 필요 용량, 예상되는 질문까지 안내지에 꼼꼼하게 적어 넣었다. 과정 설명은 초반에 최대한 짧게 하며, 각자 만드는 동안 잘 모르는 부분은 작은 선생님과 내가 돌아다니면서 우리가 바로바로 알려드리는 쪽으로 가닥을 잡았다. 그렇게 쉰다섯 명이 참여한 여행의 기억을 조향하는 디퓨저 만들기 수업을 무사히 마쳤다. 수업은 삼십 분이지만 끝나고 나면 기운이 쭉 빠진다.

모든 행사가 끝나면 외부 강연이나 공방에서 수업할 때 찍은 사진과 행사 내용은 정리해서 블로그에 후기를 공유한다. 처음에는 한두 명이 포스팅을 보고 예약했지만 포스팅이 쌓이자 단체 수업 문의가 들어오기 시작했다. 처음에는 여섯 명에서 열 명, 점점 인원수가 늘더니 백

명까지 다양한 단체 수업 문의가 들어왔다. 보통 회사 내 동호회나 친구들 모임에서도 연락이 많이 온다.

기업에서 종종 출강 의뢰가 오는데, 요청하는 수업의 종류가 다양하다. 예산에 따라서, 혹은 행사의 성격에 따라서 캔들을 한두 개 정도 만드는 곳도 있고, 캔들과 왁스 태블릿을 함께 만드는 수업을 원하는 곳도 있다. 회사에서 요구하는 행사의 규모와 진행 방식, 수준, 예산을 확실히 알아야 출강을 확정할 수 있다. 저렴한 예산으로 무리한 할인을 원하는 회사도 있고, 생각보다 시원하게 가격과 시간을 맞춰주는 회사도 있다. 단체 출강을 상담할 때 상대 업체에서 예산 이야기를 대충 얼버무리거나, 확실한 정보가 없다면 일단 진행을 중지하고 내가 할 수 있는 수업인지, 적절한 가격 책정이 가능한지 체크해볼 필요가 있다. 다시 한 번 강조하지만, 회사의 요구 사항이 무엇인지 파악한 후에 결정해도 늦지 않다.

가격을 책정할 때도 기준을 다양하게 잡아야 한다. 어떤 행사는 순수익이 많이 나기도 하지만, 어떤 행사는 예산이 너무 맞지 않아 도저히 진행하기 힘들 수도 있다. 하지만 진행을 하는 것만으로도 의미가 있고, 추후 작업을 위한 레퍼런스가 될 수 있다면, 혹은 한 번도 경험하지 못한 성격의 행사라면, 경험 삼아 진행해 보는 것도 좋다. 물론 적자가 난다면 곤란하다.

힘겹게 원가 리스트와 인원별 가격을 책정해 견적서를 만든 다음 해당 업체에 다시 연락을 한다고 해도 출강이 확정되는 건 아니다. 견적서와 수업 이미지와 완성된 제품 이미지까지 만들어서 보냈는데도 일이 엎어지는 경우가 다반사다. 예산이 안 맞는 경우는 애교에 가깝다. 갑자기 행사 자체가 취소되는 경우도 많다. 하지만 실망하지 않는다. 새로운 행사는 매년, 계절별로 돌아오고 몇 번의 경험이 쌓여 다음 의뢰에는 좀 더 노련하게 상담하고 있는 나를 발견할 것이다. 그리고 좋은 이미지로 상담했던 회사는 다음 분기 때 다시 연락이 오기도 한다.

공방 선생님은 자유로워 보여 :
여유로운 공방 운영이 가능할까

"공방에 종일 있으면 심심하지 않아요?" 간혹 듣는 질문이다. 카페 사장님이 여유롭고 자유로워 보이듯 공방 선생님도 그렇게 보이는 걸까. 출근하고 싶을 때만 출근하고 하고 싶은 일만 하는 것처럼 보일 수도 있다. 물론 사실이다. 잠시 문을 닫고 친구들을 만나도 상관없고, 여유롭게 보내고 싶은 날에는 종일 캔들을 만들거나 자수를 놓기도 한다. 뭐라고 하는 사람도 없으니까. 하지만 막상 공간을 임대하고 월세를 내며 적자 매출만 기록한다면 운영자 입장에서는 여유로울 수 없다. 과연 자유롭고 행복한 공방 생활이 있을까 하는 의구심도 든다.

공방은 일정한 시간에 열고 닫아야 한다. 의외로 가장 중요한 사항이다. 수업이나 휴일을 불규칙하게 정하다 보면 공방에 오고 싶은 고객 입장에서는 언제 가능할지 헷갈리고 그러다 보면 공방에 대한 관심도 낮아진다. 지나가다 잠시 인사하려고 들렀는데 문이 닫혀 있으면 시간을 내서 다시 오고 싶지 않을 확률이 높아진다. 체력에 부담 없는 선에서 주변 상권의 흐름에 맞춰 오픈 시간을 일정하게 조정하자. 손님에게 '이 시간에 들러주세요'라는 공지가 필요하다.

우리 공방의 출근 시간은 오후 한 시다. 오픈 초반에는 열정적으로 오전 열 시부터 오픈했다. 열 시에 수업을 원하는 수강생도 간혹 있어 주로 수강생이 원하는 시간에 맞춰 클래스를 계획했다. 업무가 늘어나 자연스레 늦게 퇴근하는 일이 많아져 체력에 한계가 왔다. 그러다 보니 점차 오픈 시간을 늦추게 되었다. 지금은 가끔 오전에 수업 요청이 있을 때만 일정을 변경한다. 하지만 공식적으로는 오후 한 시에 문을 연다. 우리 공방은 100% 예약제로 수업을 운영한다. 그래서 수업 시간표를 매달 블로그에 공지해 확인 후 수업 신청을 할 수 있게 했다.

공방 초기에는 수업하는 요일을 지정하고 그날은 종일 사람들이 자유롭게 다녀가는 방식으로 운영했다. 하지만 종일 공방에 묶여 있어야 했기에 이 수업 방식은 나의 성격에 맞지 않았고 내시간을 규칙적으로 쓸 수 있는 방식이 나에게는 더 좋았다. 결국 나의 성향에 맞춘 100% 예약 수업 시스템을 만들었고 나름대로 성공적으로 운영하고 있다. 시간이 일정하지 않은 프리랜서나 3교대를 하기에 다른 공방에서는 수업 시간이 맞지 않은 이들이 공방을 주로 찾았다.

1:1 수업을 기본으로 하는 것도 우리 공방의 특징이다. 가격이 조금 비싼 편이지만 혼자 조용히 수업을 들으면 더 집중할 수 있는 장점에 수강생들의 만족도가 높다. 여러 명 수업하면 남들과 비교하느라 자기 검열을 하게 되고 주춤하는 사이 자신감과 창의력이 사그라들기도 한다. 혼자 수업을 들으면 비교할 대상이 없어지고 마음껏 나를 즐길 수 있다. 처음에는 블로그에 접속해 수업 시간을 확인하고, 문의해야 하는 시스템을 불편해했지만, 소통하는 방법을 개선해나가자 수강생들도 점

차 편하게 받아들이기 시작했다.

공방을 오픈하고 삼 개월 정도는 쉬지 않고 매일 열었다. 휴무일을 정하기 위해서다. 우리 공방은 숨은 골목에 있어 데이트, 모임 등의 목적으로 오는 분들보다는 회사원이 주로 방문했다. 일요일만 되면 주변 식당도 모두 문을 닫아 길이 한산해져 자연스럽게 공방의 휴무를 일요일로 정했다. 지금은 가게도 더 많아지고 문을 여는 식당도 많아졌지만 그동안 지켜온 휴일을 바꾸는 건 생각보다 쉽지 않다.

현재는 클래스보다 제품 유통으로 비즈니스 모델이 조금씩 바뀌면서 클래스 인원과 날짜를 줄이고 있다. 공방 운영자인 내가 만족하고 고객도 만족시키는 절충안을 찾는 것이 조금 더 행복하게 공방을 운영하는 방법이라 생각한다.

무언가를 결정하기 어려운 이유는 앞으로 계속 이 기준을 지켜나가야 한다고 생각하기 때문일 수도 있다. 공방 운영이 처음이므로 초반에는 기준을 바꿔보면서 결과를 분석하고 상황에 맞는 최적의 기준을 정하는 것도 방법이다. 동네마다 상권과 분위기는 다르다. 공방 주인도 성향이 다 다르며 다루는 업무도 다양하다. 정답은 없다. 나의 기준을 찾으면 된다.

공방 선생님의 일주일 :
공방에서 무슨 일 하세요

"선생님은 공방에서 하루 종일 뭐 하세요?"

외부 강의를 할 때였다. 강의가 끝날 때 쯤이면 수강생들이 꼭 하는 질문이다. 아마도 공방에서 어떤 업무를 어떻게 처리하는지 궁금한 모양이다. 하루만 예를 들자니 공방의 모든 업무를 설명하기 어려워 공방의 일주일 업무를 설명한다.

월요일. 공방 선생님도 월요병이 있다. 업무가 늘기 전에는 월요일이 두렵지 않았는데, 택배 업무가 추가되자 월요일은 주말 동안 택배 업무가 쌓인 날이 되었다. 주문 받은 제품을 확인하고 꼼꼼하게 포장해 송장까지 붙이는 일이 생각보다 손이 많이간다. 택배 업무가 늘어나면서 월요일은 수업을 잡지 않는다.

월요일은 작은 선생님과 오전에 만나서 근처 헬스장으로 운동을 다녀온다. 월, 수, 금 일주일에 딱 세 번 가는 운동 스케줄을 지키기 위해 다른 일정을 잡지 않으려고 노력한다. 물론 일주일에 한 번 가는 경우도 있다. 운동을 다녀와서 점심을 먹고 바로 출근한다. 둘 다 혼자 살기에 함께 점심을 먹고 출근하는 일이 여러모로 효율적이다.

출근하면 커피를 내려 회의를 준비한다. 각자 업무 일지를 통해 마무리되지 않은 일, 이번 주에 꼭 마무리할 일, 중요한 이벤트, 장기적인 일정, 서로의 휴무 체크를 주로 논의한다. 사실 공방의 직원은 둘뿐이라 수시로 대화할 수 있지만, 회의 시간을 정해놓고 일정과 진행 상황을 체크하고 계획하는 일은 정말 중요하다. 유난히 다양한 업무를 하는 우리 공방은 기록하지 않으면 가끔 잊고 지나가곤 한다.

월요일은 택배 외에도 재료 주문 또한 주요 업무다. 예전에는 재료가 떨어지면 그날그날 필요한 양만큼 주문했다. 하지만 이제는 필요한 재료가 많아져 떨어질 때마다 주문을 하니 영 효율적이지가 않다. 작은 메모장에 수시로 사야 할 물건을 적어두고 월요일에 한꺼번에 주문한다. 목요일이나 금요일에 재료를 주문하면 거래처 사정으로 다음 주에 배송받을 수도 있다.

그래서 가능하면 월요일에 주문하여 그 주 안에 받도록 하고 있다. 특히 대량 제작 때문에 재료를 주문한 경우라면 반드시 거래처에 재고가 있는지, 언제 출고 가능한지 확인하는 것이 좋다. 거래처마다 상황이 다르니 재고가 부족하거나, 발송이 늦어지곤 한다. 급할 경우 퀵으로 재료를 받게 되는데 배보다 배꼽이 더 큰 퀵비를 지불하고 나면 좀 더 재고 관리에 열을 올리게 된다. 월요일은 밀린 업무를 처리하느라 유난히 빠르게 지나간다. 한숨 돌리면 저녁이다. 퇴근 시간이 저녁 아홉 시까지라 작은 선생님과 저녁도 함께 먹으며 월요일을 마무리한다.

화요일. 작은 선생님이 쉬는 화요일은 혼자 있기에 점심, 저녁은 시간과 관계없이 마음대로 먹는다. 둘이 일할 때는 배경 음악을 틀어 두는 편인데 화요일은 음악을 켜지 않고 고요하게 지내는 날이기도 하다. 이 날은 클래스를 진행하거나 서류 작업, 제품 제작을 주로 한다. 간혹 거래처 미팅이 생기거나 지인이 공방에 놀러 온다고 하면 대부분 화요일로 약속을 잡는다. 화요일에는 작은 선생님이 도맡아 하고 있는 일을 내가 대신 처리한다. 업무를 분담하고 있지만 작은 선생님의 업무도 체크해야 서로의 고충과 입장에 관해서도 생각할 수 있기 때문이다.

수요일과 금요일. 오전 열한 시에 수업이 있을 때가 종종 있다. 그런 경우는 아쉽게도 운동을 못 할뿐더러 점심시간도 미뤄진다. 매일 있는 일은 아니니 상황에 맞게 조율해서 시간을 활용하고 있다. 일정하게 공방을 오픈하는 것도 중요하지만 외부 일정이 잡히면 어쩔 수 없이 공방을 비우게 된다. 공방을 비울 때마다 인스타그램으로 실시간 공지한다. 출강이 잡히는 경우는 미리 블로그 시간표에 공지해 공방 방문에 혼선이 없게 한다. 어렵게 발걸음한 공방이 이유 없이 닫혀있으면 누구나 실망한다. 미리 공방을 비우는 이유를 SNS에 공지하고 프린트해서 공방 문에 붙여놓는 것도 방법이다.

목요일. 자택 근무하는 날이다. 몇 년 전에 자수 책을 출간하기 위해 원고를 작성해야 하는데 공방 업무와 병행하려니 도저히 진도가 나가지 않았다. 공방에 나와서 하려니 업무가 자꾸 눈에 들어오고 해결할 일들이 계속 생겼다. 이렇게 하다가는 공방 일도 제대로 못 하고 책도 못 쓰겠다 싶어 낸 해결책이 목요일의 자택 근무였다. 작은 선생님도 이제 공방 근무 사 년 차라 혼자서도 일을 잘 해낸다. 일주일쯤은 내가 없어도 공방은 잘만 굴러간다. 원고를 끝내고 다시 목요일에 공방으로 출근하려다 아예 이날을 활용하기로 했다. 공방과 관련된 외부 출강, 미팅 등은 이제 고민할 것 없이 목요일로 일정을 잡는다.

토요일. 작은 선생님 혼자 출근하는 날이다. 토요일은 식사를 제때 챙겨 먹지 못할 정도로 수업이 많다. 이럴 때는 간식을 충분히 준비해두고 수강생과 나눠 먹으며 수업을 진행한다. 주말에는 캔들을 구매하러 오는 이들이 많다. 연남동은 평소에도 오가는 사람도 많을뿐더러 SNS 홍보 글을 보고 일부러 들르기도 한다. 최근 온라인에서 자수 키트 판매가 늘어나니 오프라인 매장에도 입점 제의가 온다. 키트는 수작업으로 하나하나 챙겨야 할 게 많아 자투리 시간이 생길 때마다 미리 만들어 놓는다.

토요일은 수업, 키트 제작, 쇼룸 판매 등 종일 바빠 작은 선생님 혼자 일정을 소화하지 못할 때가 많다. 그래서 가끔 하루 두세 시간 정도 알바생을 고용하기도 한다. 인스타그램을 통해 알바 공고를 했더니 꽤 많은 분이 연락을 주었다. 일요일은 휴무이니 토요일에 간단하게 공방을 정리해 놓고 퇴근한다. 이렇게 공방의 일주일이 마무리된다.

현재 운영하는 각 주 5일 시스템이 자리 잡은지 삼 년 정도 됐다. 초반에 작은 선생님은 주 4일만 일하길 원해 월, 화, 목, 금 근무했다. 그리고 큰 선생님인 나는 월요일부터 토요일까지 6일을 근무했다. 시간이 지나고 업무량도 많아지니 점점 체력에 한계가 와서 각 주 5일 근무로 결정했다. 주 6일 근무는 대체 어떻게 했는지 지금은 엄두도 안 난다. 하지만 그렇게 일한 시간을 보상받는 느낌이랄까. 차곡차곡 쌓아온 시간과 일이 시스템으로 정리되어 지금은 감히 조금은 여유로워졌다고 이야기할 수 있게 되었다.

시간을 조율해서 쓰는 일은 익숙해지기 전까지는 조율하는 것 자체가 일이 된다. 더 효율적으로 일을 할 수 있을지 고민하고 결정하는 데도 시간이 걸리기 때문이다. 공휴일과 상관없이 요일별로 휴무일을 조정하고 있어 우리만의 리듬으로 모든 날을 자연스럽게 맞이한다. 시간이 조금 걸리더라도 나만의 업무 리듬을 만들어보자.

큰 선생님과 작은 선생님의 업무 목록

큰 선생님	공동 업무	작은 선생님
회계	공방 청소	온라인몰 관리
재료 주문	택배 업무	신상품 업데이트
신제품 개발	블로그 포스팅	쇼핑몰 상세페이지 업로드
SNS 관리	주문 제작	재고 관리
오프라인 입점 관리	영상 촬영 및 편집	원데이 클래스
디자인	제품 사진 촬영	월말 정산
마케팅	고객 상담	알바 관리
강의 및 컨설팅	길냥이 밥, 물 챙기기	
편집 디자인, 제품 기획		

소리 없이 향기만 남았다 :
수업하면서 나도 배우게 된다

프랑스에서 온 샌디와 아멜리에가 드라이 플라워 캔들 수업을 받는 날이었다. 최근 들어 공방에서 타임랩스를 찍는 것에 재미가 들려 고프로 캠을 미리 설치하고 수업을 준비한다. 영어로 된 수업 안내지도 미리 꺼내놓고 캔들 용기부터 우드 심지, 드라이 플라워까지 예쁘게 정돈해본다. 매 수업을 이렇게 준비하지는 못하지만, 시간과 마음의 여유가 있는 날이면 괜히 기분이 좋아져 꼼꼼하게 준비한다.

이리저리 준비하는 와중에 샌디와 아멜리에가 공방에 도착했다. "Hello~" 인사를 하며 문을 여는데 샌디가 손짓으로 귀가 안 들리고 말을 하지 못한다는 걸 나에게 알린다. 사실 당황했지만 아무렇지 않은 척 "아, 그런가요?"라고 웃으며 손으로 자리를 안내했다. 막상 안내하고 앉히고보니 어떻게 해야 하나 싶어 막막하다. 애써 웃으며 수업 내용을 소개했지만 그들에게는 들리지 않는다. 샌디와 아멜리에는 알아서 가방을 정리하고 수업을 시작할 준비가 되어서야 나를 바라보았다. 문득 공방에 노트북이 있다는 것이 생각났다. 잠시 기다리라고 말한 후 노트북을 들고 와 한글 프로그램을 열어 보기 좋은 정도로 글자 크기를 조절한 다음 영문을 타이핑했다. "지금 캔들 수업을 시작하려고요. 괜찮죠(We gonna start soywax candle class now. Is this ok)?"

아멜리에와 샌디는 고개를 끄덕이며 웃는다. 수업은 생각보다 물 흐르듯 자연스럽게 흘러갔다. 단지 다른 수업보다 조용할 뿐이다. 고개를 숙이고 드라이 플라워를 디자인하고 있는 그녀들 시야에 손을 살포시 대면 그들은 고개를 들고 내가 타이핑하는 내용을 본다. 수강생과 있을 때 두 시간 동안 소리 내어 이야기하지 않으니 나도 익숙지 않았다. 그들에게 들리지 않더라도 나는 평소대로 이야기하며 타이핑을 했다. 아멜리아와 샌디는 고요한 그들의 세상에서 아무렇지 않은 듯했다. 작은 공방에서 책상을 하나 사이에 두고 내가 앉은 자리에는 소리가 있지만 그녀들이 앉은 반대편에는 소리가 없는 세상인 것 같은 이상한 느낌이 든다. 내가 내는 작은 소리도 괜히 크게 들리는 것 같아 조심히 움직여보지만 그들은 고요함 속에서 나름의 여유가 있어 보였다. 뭐랄까, 고요하면서 깊숙한 집중 속에서 헤엄치듯 생활하는 것 같다고나 할까.

보통 외국인 수강생 수업을 진행하면 어디서 왔는지, 한국 여행은 어떤지, 본국에서 무슨 일을 하는지 등 소소한 이야기를 주고 받는다. 수업을 통해 만난 호스트와 게스트 사이지만 친구를 새로 사귀는 기분이든다. 그래서인지 샌디와 아멜리아와의 수업은 더욱 고요하게 느껴졌다. 수업에 꼭 필요한 내용만 타이핑하고 타이핑한 내용만 보여주며 그렇게 수업이 끝났다. 왜 진작 수화를 조금이라도 배우지 않았을까⋯ 하는 아쉬움만 남았다. 그날 이후로도 꽤 샌디와 아멜리아가 종종 생각났다. 수화를 배웠다면 서로 나눌 이야기가 더 많았을 텐데. 그들은 수업이 끝난 후 즐겁다는 후기도 남겼고 만족스러운 수업이라고 했지만 어쩐지 미안함은 나의 몫이었다.

얼마 전에 미국에서 온 에마와 애나 자매도 기억난다. 그들은 동생인 애나의 고등학교 졸업을 축하하는 여행 중이라고 했다. 수업이 끝날 때쯤 자신들은 중국인이라며, 차례로 입양됐다는 사실을 거리낌 없이 이야기했다. 자신의 상황이 어떻건 자연스럽게 받아들이는 것 그리고 거기서부터 시작한다는 것 자체가 아름답고 강해보였다. 오늘도 새로 사귄 친구에게 한 수 배운다.

사랑해 요정아, 사랑해 :
최고의 선물, 최고의 기적

처음 플리마켓에 참가하는 날이었다. 백화점에서 열리는 플리마켓이었는데 처음이다 보니 욕심이 생겨 평소보다 캔들을 두 배나 준비했다. 신나게 캔들을 만들다 보니 어느새 새벽 세 시였다. 뒤에서 '바스락' 소리가 나서 깜짝 놀라 돌아봤더니 너무나 예쁘게 생긴 삼색 고양이가 공방 한가운데 들어와 있었다. 나는 이미 숙련된 집사여서 공방에도 사료를 비축해 놓은 상태였다. 반가운 마음에 사료를 줬더니 몇 알 먹지도 않고 나가버렸다. 어쩔 수 없이 캔들을 다시 만들고 있었다. 얼마 지나지 않아 또 '바스락' 소리가 났다. 세상에, 엄마 고양이가 자신과 똑 닮은 새끼 고양이를 두 마리나 데려왔다. 어찌나 뭉클한지. 그렇게 배부르게 식사를 하고 총총 떠난 것이 요정이와의 첫 만남이었다.

깜짝 놀랐음에도 사진 찍는 걸 잊지 않았는데 그 사진을 작은 선생님한테(아직 공방에 취직 전 친구 사이인) 메시지를 보냈더니 "요정 같아."라고 해서 그 고양이는 요정이가 되었다.

요정이는 그 후로도 밥과 간식을 먹으러, 쉬러 공방에 자주 찾아왔다. 출근하기도 전에 이미 공방 문 앞에 가만히 앉아 있는 바람에 공방 앞을 지나다니는 사람이라면 요정이를 모르는 사람이 없었다. 퇴근할 때가 되면 함께 퇴근하고 출근하는 길이면 요정이가 기다린다는 생각에 출근하는 발걸음이 가벼워지기도 했다.

그해 겨울은 유난히 추웠고 퇴근하려고 짐을 챙겨 밖에 나와 기다리고 있는데 요정이가 따라 나오지 않았다. 오늘은 공방 안에서 지내겠다는 뜻이다. 하지만 공방은 캔들이 있어 고양이가 혼자 있기에는 너무 위험하다. 잘못 건드려 유리라도 깨지면… 상상도 못 할 일이다. 너무 춥다고 안에 있겠다는 요정이를 억지로 데리고 나올 때는 눈물이 날 정도로 속상했다.

다음 날부터 요정이를 공방 안에 있게 해도 되는지 나름대로 살펴보았다. 점심을 먹으러 갈 때도 요정이를 혼자 둬보고, 네 시간 정도 외출도 해보고, 화장실과 모래도 주문해 실내에 적응할 수 있게 했다. 걱정과 달리 요정이는 그때마다 무사히 있었다. 큰 선생님과 작은 선생님이 둘 다 성이 이 씨라 자연스럽게 이름은 '이요정'이 되었다. 길냥이다 보니 퇴근할 때쯤엔 길에 다니는 애를 공방에 다시 데려오기가 얼마나 어려운지, "요정아~ 이요정~" 하고 부르면 지나가던 모르는 분이 요정이 저기 편의점 근처에 있어요, 라며 일러주기도 했다. 그렇게 우리는 가족이 되었다.

당시엔 세 살쯤이라고 예측했으나 생각보다 더 나이가 많았던 것 같기도 하다. 사람 수준으로 너무 눈치가 빨랐는데 자기가 예쁘게 생긴 걸 알고 있는지 사람들이 예뻐해 주는 걸 당연하게 생각했다. 봉지에 들어 있는 건 모두 간식이라고 생각하는지 봉지를 들고 공방 앞을 지나가는 사람이 나타나면 쪼르르 나가서 발랑 뒤집었고, 고양이에게 이런 반응을 처음 받아본 사람들은 대부분 요정이와 사랑에 빠졌다. 장난감을 사다 주는 수강생, 캔을 박스로 가져다주는 이웃, 고양이 페어에 다녀왔다며 간식을 잔뜩 챙겨주는 친구, 공방에 관심이 없어도 요정이에게만 애정을 주는 이들이 많았다.

요정이가 공방에서 지낸 지 일 년쯤 지났을까. 드디어 책상 위로 올라오기 시작했다. 책상만큼의 영역을 넓히는 데 일 년이나 걸리다니, 참 얌전한 고양이다. 요정이는 특히 캔들 수업보다 자수 수업을 좋아했는데 조용해서 그랬을까, 아니면 정말로 실과 고양이는 떼어놓을 수 없는 관계라 그런 걸까. 자수 수업만 시작하면 책상 위로 올라와 원래 그 자리가 항상 자던 곳인 듯 잠에 들곤 했다. 공방에는 천으로 만든 자수 교본이 있었는데 그 위에서 얼마나 많이 자는지 자꾸 까매져서 한두 달에 한 번은 통째로 빨아야 했다. 책상 자리를 많이 차지하고 자도 어찌나 귀여운지 수강생들이 그냥 자리를 좁게 쓰면서 수업을 받은 적도 부지기수다. 엉뚱하고 뚱뚱해서 웃기지만 너무 예뻐서 이래저래 웃음을 주던 요정이를 다들 사랑해 주었다.

이 년쯤 지났을 때는 공방의 마스코트이자 골목 셀럽인 요정이를 대리로 승진시켰다. 홍보부 요대리로. 공방 근처를 함께 산책하기도 했다. 우리가 먼저 길을 나서면 요정이가 뛰어나오거나, 요정이가 가는 길을 따라가기도 했다. 근처에 카페가 새로 생겨서 오랜만에 커피를 마시러에 갔는데 요정이가 따라와서 자기도 들어오고 싶다며 유리문 밖에서 안달을 내기도 했다.

그 후, 요정이가 우리의 말을 척척 알아들을 때쯤 갑작스럽게 요정이와 이별하게 되었다. 정확한 이유는 아직도 모른다⋯. 공방 근처에서 곱게 잠이 든 채 영원히 깨지 않았다. 작은 선생님은 당시 대만 여행 중이었는데, 큰 선생님보다 마음이 여린 작은 선생님에 대한 요정이의 작은 배려라고 생각했다. 요정이를 보낸 날 아침에 요정이가 제일 좋아하지만 건강에는 그리 좋지 않은 마른 멸치 다섯 마리를 챙겨줬는데 그나마 그거라도 챙겨줘서 다행이라고 생각했다.

우리는 지치고 힘든 순간마다 요정이와 함께 이겨내며 공방을 지켜왔다. 그래서 '요정+비타민'인 요타민이라고도 부르기도 했다. 일이 마음같이 되지 않아 스트레스를 받으면 요정이와 손을 잡았다. 요정이는 자신을 만지는 걸 좋아하지 않았지만, 정말 힘든 날 위로받고 싶어서 쓰다듬어주면 어떻게 내 마음을 알았는지 곧잘 참아줬다. 피곤한 날에는 괜히 밖에서 놀고 있는 요정이를 불렀다. "이요정 어딨어~?"라고 두세 번 부르면 잘 놀고 있다가도 꼬리를 바짝 들고 주섬주섬 네발로 공방으로 뛰어 들어오곤 했다. 그런 요정이를 보면 스트레스도 한 방에 날아갔다. 정말 어디서 이런 고양이가 나타나서 우리에게 왔다 갔을까.

공방 바깥에 작게나마 요정이의 부고를 알렸다. 수업 중이었는데 갑자기 모르는 할아버지가 문을 열고 들어오시더니 "내가 일 때문에 이 동네를 일주일에 두세 번 정도 왔다 갔다 했는데, 요정이를 참 귀여워했어요."라며 눈물을 뚝뚝 흘리셔서 우리도 함께 울었다. 한낱 고양이가 얼마나 위로가 되냐고 생각할 수도 있지만, 누구에게는 친구였고 누구에게는 비타민 같은 존재였다.

반려묘나 반려견이 무지개다리를 건너면 우리가 별이 될 때 마중을 나온다고 한다. 가만히 생각해 보니 마중 나갈 사람이 너무 많아서 요정이가 나를 찾지 못하면 어떻게 하지? 걱정이 되기도 한다. 요정이가 갑자기 떠나지만 않았어도 함께 있었을 텐데, 그래도 가기 전까지 언니들이랑 있어 줘서 정말 고맙고 덕분에 너무 행복한 시간들이었어.

언니들이 요정이 정말로 사랑해. 나중에 꼭 다시 만나자.

마음의 무게 :
일하다가 힘든 순간이 올 때면

　　말을 지은 사람들은 말에 '무게'가 있다는 것을 어떻게 알았을까. 무거워진 마음은 들어볼 수도 없어 내가 원하는 만큼 걸어낼 수 없다. 공방은 다녀가는 사람이 무거워진 마음을 두고 떠나는 곳이기도 하다. 공방에 오면 마음이 편안하기 때문일까, 수강생들은 힘들었던 이런저런 이야기를 털어놓는다. 그들의 마음이 이곳에서 조금은 가벼워지길 바라는 마음으로 그 이야기를 듣곤 한다.

　　하지만 공방 지기는 마음을 터놓을 곳이 없다. 가장 쉽게 마음이 무거워지는 날은 아마도 매출이 부진한 상황에서 다가오는 월세 내는 날일 것이다. 거기에 월급 주는 날도 다가오고 카드 값도 빠져나가면 한 달에 월세만 세 번이나 내는 기분이다. 좋아하는 일이니 열심히 고민하며 언젠가 상황이 괜찮아질 거라고 다독이지만 생각만큼 괜찮지 않을 때가 많다. 그러나 공방을 오픈한 것도, 이번 달 판매할 소품을 고른 것도, 홍보하는 것도 모두 내가 결정하고 선택한 일이다.

마음이 무거워지면 몸도 무거워져 의욕이 떨어진다. 괜히 더 피곤한 것 같고 스트레스만 쌓이니 아무것도 하기 싫어진다. 이 악순환이 반복되면 일 자체가 싫어지는 최악의 상황이 오게 된다. 그러기 전에 우리는 빨리 이 순환에서 벗어나야만 한다.

큰 걱정을 따라 잔걱정들까지 따라다니며 나를 짓누를 때는 공방을 떠나 평소에 보지 않았던 다른 장르의 영화나 공연을 한 편 본다. 가끔은 작은 선생님과 함께 캔 맥주를 하나씩 들고 액션 영화를 보기도 한다. 대낮에 공방 문을 걸어 잠그고 예정에 없던 '영맥데이(영화맥주데이)'로 하루를 보내면 묵은 피곤함을 날려주고 일어나지 않은 일을 걱정하는 나를 흔들어 깨운다. 공방 지기만 할 수 있는 대낮의 꿀 같은 일탈이다. 이런다고 해서 상황이 달라지지는 않지만 그래도 기분은 가뿐해진다.

또 다른 방법은 공방을 준비하며 만들었던 마인드맵을 다시 그려보면서 '나'를 다시 정리하는 것이다. 다음 달 계획은 무엇인지 새로운 시도가 어떤 결과를 가져왔는지도 냉철하게 판단한다. 매출을 파악하면 슬며시 답이 보이기도 한다. 다음 계획까지 세우면 걱정이 조금 사라지고 금세 의욕만 충만해진다. 계획은 실행하지 않고 생각으로 머문다면 앞으로 나아가지 못한다. 이렇게 하나씩 정리하다 보면 성과는 없더라도 앞으로의 방향성이 구체적으로 보이기 시작해 한결 마음이 놓인다.

십 년 후 공방의 모습도 상상하며 새로운 목표를 설정해 보자. 목적지가 명확하지 않으면 길을 잃기 쉽듯이, 목적지로 향해 가는 길을 이리 살피고 저리 살피다 보면 긍정적 힘이 샘솟아 의지가 굳건해진다. 이번 달 매출이 좋지 않아 속상한 하루는 훗날 좋은 이야기거리가 될 수 있다. 이러나 저러나 나를 믿어보자. 가장 어려운 일이지만 오늘도 나를 믿으며 미래의 공방 모습에 한걸음 다가서보자.

살다 보니 휴가로
모로코에 가는 일도 생기더라고요 :
에어비앤비를 활용한 외국인 수업

2017년에 두 달 정도 유럽 여행을 다녀온 작은 선생님이 숙박 공유 사이트인 '에어비앤비^{Airbnb}'에서 숙소 이외의 체험도 진행하는데 우리나라에도 곧 론칭한다는 소식을 알려줬다. 당시 우리는 공방에서 할 수 있는 일이라면, 가능하다면 무엇이든지 해보는 중이라 고민 없이 바로 신청 방법을 알아보았다.

체험 신청 과정은 생각보다 수월하지 않았다. 캔들 수업과 자수 수업을 사진과 함께 신청서에 작성하면 되는 거였지만 문제는 이 서비스가 한국에 론칭한 지 얼마 되지 않았고, 여행자가 여행지에서 친밀한 경험을 하게끔 하는 에어비앤비의 철학에 맞게 체험을 진행해야 했다. 그 때문에 두 시간이나 전화 미팅을 하고 나서야 허가가 났다. 그 후, 여러 번의 수정을 거쳐 수업 개설까지는 한 달 정도 걸렸다.

에어비앤비에서 체험 서비스를 등록하고 싶다면 우선 국내로 여행 오는 여행자가 우리와 함께 어떤 경험을 할 수 있는지 제안해야 한다. 그리고 왜 이 체험이 특별한지도 설명한다. 단순히 일반적인 체험만 필요한 게 아니라 우리와 진행했을 때 어떤 부분이 특별해지는지 명확하게 설득할 수 있다면 허가받을 확률이 높아진다. 우리가 하는 캔들이나 자수도 한국에서만 경험할 수 있는 것이 아니고 한국 전통적인 부분에 해당하지도 않는다. 하지만 전통적이지 않다고 해서 한국적이지 않은 것은 아니다. 한국에서 나고 자란 주인장이 운영하는 수업은 이미 충분히 한국 스타일이다. 어떤 마인드로 체험을 운영할 것인지, 혹은 어떤 경험을 가져갔으면 좋겠는지 충분히 설명한다면 어렵지 않게 체험 프로그램을 허가받을 수 있다.

언어 때문에 망설여진다면 해당 분야의 단어와 수업에 필요한 어휘들을 미리 공부해서 준비하면 좋다. 수업 내용을 간단하게 정리해서 순서대로 적고 번역해 놓으면 진행이 훨씬 수월하다. 꼭 언어로만 기본적인 소통이 되는 것은 아니다. 손짓과 발짓으로 하는 어설픈 표현이지만 진정성만 담겨 있다면 좋은 만남이 된다. 2018년부터 내국인을 위한 프로그램도 론칭했기 때문에 클래스 신청을 받을 수 있는 또 다른 플랫폼이라고 생각해도 좋다. 국내 이용객도 점차 늘고 있는 추세다.

에어비앤비에서 2017년부터 정산받은 총금액을 계산해 보니 천오백만 원 정도다. 총 수익을 진행했던 기간으로 나누어보면 한 달에 삼십육만 원 정도 입금되었다. 어떻게 보면 적은 금액이라고 생각할 수 있지만 고정 수입이 없는 오프라인 공방에서는 제 역할을 톡톡히 하고 있다고 본다. 한 번쯤 도전해 볼 만하지 않은가!

에어비앤비 체험은 수익 구조도 충분히 매력적이지만, 세계 각국의 다양한 친구를 만나 그들의 이야기를 듣는 즐거움도 있다. 그리고 가장 큰 장점은 클래스를 진행하면서 나의 시야가 넓어지는 점이다. 각국에서 오는 친구들의 일하는 방식, 평소 생활 습관, 문화를 다양하게 듣다 보니 그들의 라이프 스타일을 존중하는 태도가 생겨났다. 이 체험을 통해 소중한 친구를 만들기도 했다. '아이다'는 다채로운 컬러의 히잡을 입은 전 세계 무슬림 여성을 데리고 여러 차례 공방을 찾아주었다. 아이다는 싱가포르 사람이고 그녀의 남편이 모로코인이라 둘은 모로코 북부 탕헤르에 산다. 디지털 노마드인 이 부부는 전 세계를 여행하며 살고 있고, 여느 나라를 다니듯 한국을 찾았다가 우리 공방 체험에 참여하게 된 것이다.

아이다와 우연히 점심을 먹게 되었는데, 새로운 자수를 접할 수 있는 곳에서 한 달 살기를 계획하고 있다는 내 말에 그녀는 "모로코로 와. 우리 집에서 지내면 되지." 하며 순식간에 나를 모로코에 초대했다. 모로코로 돌아간 그녀는 나에게 자수를 알려줄 만한 주변인을 찾았고 그렇게 모로코 행이 일사천리로 진행되었다. 그렇게 나는 선생님에서 친구가 되어 모로코에 도착했다.

아이다는 'aidaazlin.com'을 운영하는 프리랜서 작가다. 홈페이지에서 이메일 받기를 신청하면 그녀가 인터뷰한 팟캐스트를 들을 수 있다. 현재 일하고 있는 각자의 분야에서 어느 정도 성공한 사람들이 어떻게 그 일을 시작하게 되었는지 많은 젊은이가 궁금해했고 나도 아이다의 부탁으로 모로코에 있는 동안 그 인터뷰에 참여했다.

인터뷰를 마칠 때쯤, 그녀가 마지막으로 청취자에게 해주고 싶은 이야기가 있는지 질문했다. 나는 곰곰이 생각하다 대답했다. "나이가 어리거나 많아도 모두에게 두려움은 있다. 두려움은 굉장히 평범한 것이다. 흥미로운 사실은 그 두려움에는 항상 끝이 있다는 것이다. 당장 끝났으면 하는 두려움이라 끝이 없는 것 같지 느껴지지만 그렇지 않다. 그러니 오늘이 두렵다고 걱정하지 말자. 내일이면 언제 그랬냐는 듯 사라질 수 있으니 말이다."라고.

진상과 진성의 차이 :
그리고 대처 방법

숨은 골목에 위치한 데다 작은 공방이다 보니 폭발적으로 많은 수업 신청이 들어오거나 손님이 미어터지는 일은 드물다. 장점이라면 막간의 여유를 즐길 수 있는 나만의 공간이 있다는 것이고 단점이라면 너무 조용해 당장의 매출이 걱정이라는 것이다. 또 하나의 장점이라면 대부분의 수강생은 취향과 성격이 잘 맞아 수업한 후에 불편함이 남아 있는 경우는 손에 꼽는다는 점이다. 하지만 진상 불변의 법칙이 있듯이 우리 공방에도 여전히 진상은 존재한다. 우리는 여기서 '진상'인지 불편을 호소하는 '진성' 고객인지를 구별할 줄 알아야 한다.

불편을 호소하는 진성 고객은 이미 브랜드에 호감이 있는 상태이기 때문에 상품이나 클래스에 대한 개선이나 고객의 니즈를 파악하게 도와준다. 하지만 종종 이들은 진상으로 구분되기도 한다. 진성 고객과 진상 고객은 어떻게 구분할 수 있을까?

예를 들면 석고 방향제 수업을 신청한 수강생이 있다고 하자. 석고의 모양과 향을 정하고 드라이 플라워를 디자인해서 올리는 수업이다. A 수강생이 석고 방향제에 색을 넣을 수는 없냐고 묻는다. 이 경우는 사람들이 석고 방향제에 색을 쓰고 싶어 하는 니즈를 알려주는 케이스다. 수업에 캔들 조색을 하는 아이디어를 참고해 반영한다.

B 수강생의 경우에는 석고 방향제 수업을 신청했지만 우리 커리큘럼에 없는 다른 제품을 만들고 싶어 한다. 그 제품은 수업할 예정이 없는 품목이라고 말했지만, 본인이 원하는 수업을 들으러 멀리서 왔다고 재차 말한다. 이런 경우에는 수업이 이미 진행 중이더라도 최대한 빨리 수업료를 환불해 드리는 것이 상책이다. 운영자가 아니라고 판단하면 수업이 불가능하다고 빠르게 알리는 것이 중요하다. 타이밍을 놓치게 되면 B 수강생은 원하는 수업이 가능하다고 여기고 수업 듣는 걸 포기 하지 않을 것이다.

지방에서 서울로 여행 온 C 수강생은 공방에서 총 4회로 구성된 캔들 만들기 수업을 2회로 나눠 이틀 만에 끝냈다. 즐겁게 수업을 마치고 내려간 일주일 후, 새벽에 문자가 오기 시작했다. 저녁에 분위기를 내려고 수업에서 만든 티라이트에 불을 붙였는데 티라이트 심지만 타는 것이 아니라 티라이트 전체에 불이 붙어 깜짝 놀라 불을 끄려 물을 뿌렸다가 화상을 입었다는 것이다. 왁스에 과하게 향료와 색을 섞은 경우에는 왁스 자체에 불이 붙을 수도 있다. 티라이트 조색 수업은 만드는 방법을 한 번만 알려주고 그 후에는 자유롭게 스스로 만든다. 아무래도 두 개의 수업을 연 달아 들으니 모든 수업 내용을 숙지하기가 버거웠을 수도 있다. 처음 있는 일이라 나도 무척 놀랐지만 우선 죄송하다고 말씀드리고 얼마나 다쳤는지부터 파악했다.

보내준 사진을 보니 뜨거운 기름이 물과 만나며 팔에 튀는 바람에 점처럼 덴 자국이 세 개 정도 보였다. 죄송한 마음에 당연히 화상 치료에 대한 비용을 지불하겠다고 하고 연락을 기다렸다. 이틀 후 문자가 오기 시작했다. 진료비와 처방약 비용 그리고 병원 갈 때 탄 왕복 택시비 영수증과 아끼는 책에 왁스가 튀었다면서 책 사진 두 개를 보냈다. 책의 가격까지 합해서 모두 청구하고 싶다고 했다. 그녀의 상큼하고 발랄했던 수업할 때 모습과 다른 격앙된 태도에 오래 끌고 싶지 않아 모두 지불한 기억이 있다.

공방을 운영하다 보면 새로운 사람을 만나게 되고 인연을 맺게 된다. 좋은 인연은 혼자 만드는 것이 아니라 함께 만들어나가는 것이다. 꼭 누군가의 잘못이 아니더라도 그때의 상황과 타이밍에 따라서 기분이 상하기도 한다. 어느 일에나 사람과의 관계는 어렵고 명쾌하지 않기도 하다. 모든 인연이 모두 좋을 수만은 없고 억지로 노력할 필요도 없다. 할 수 있는 만큼 정성을 다했는데도 좋은 인연으로 남지 않는다면 아쉽지만 거기까지가 인연인 것이다. 다녀가는 모든 사람이 공방에 대해 좋은 기억만 가지고 가는 것은 불가능한 일이며 모든 사람이 우리 공방을 사랑하는 것도 불가능하다. 공방을 운영할 때도 미움 받을 용기가 필요하다. 속상한 마음을 담아놓고 쌓아두는 것보다 해결되지 않는 문제는 포기할 줄도 알아야 한다. 처음이 어렵지 어느 정도 시간이 지나면 그런 일도 있었다며 이야기하는 하나의 에피소드가 되기도 한다. 우리에게는 우리 공방을 아껴주는 진성 고객들도 많다. 그들과 함께 차곡차곡 공방을 꾸려가면 되는 것이다.

얼마나 잘하면 될까 :
과정 안에서 함께 성장하는 것

SNS를 둘러보면 예쁘고 감각적인 브랜드를 어렵지 않게 볼 수 있다. '아, 나도 이런 거 만들어 보고 싶다.'라고 생각하게 만드는 브랜드들은 장소와 시간을 불문하고 쉽게 마주한다. 특히 무언가를 만드는 사람들은 동종 업계 브랜드나 관련된 공산품도 눈에 쏙쏙 들어온다. 가끔 불안한 마음이 생기기도 하는데, 보통 너무 늦게 시작하지 않았나, 벌써 나도 뒤처지는 건가, 나는 언제 이렇게 될 수 있을까, 이 브랜드는 어떻게 이렇게 잘할까, 라는 조바심과 질투 그리고 부러움이 섞인 감정들이다. 마인드 컨트롤에 강하다고 자부하지만 무방비 상태에서 혹 들어오는 감정의 공격은 도무지 피할 길이 없다. 어떤 이들은 혹시 누군가 디자인을 도용할까 봐, 혹은 고요한 정신력이 저울질 될까 싶어 SNS를 하지 않는다는 주변인도 있다.

지금도 나름대로 열심히 한다고 하고 있는데 대체 얼마나 더 해야 하는 걸까. 성패를 결과로 결정 지음과 동시에 그들이 이루어내는 과정보다는 결과만을 보기도 한다. 과정은 눈에 보이지 않으므로, 남의 떡은 커 보이므로 그들의 결과물은 어렵지 않게 얻어낸 것처럼, 순식간에 뚝딱 이뤄낸 것처럼 보이기도 한다.

우리는 과정 안에서 조금씩 성장하고 있다. 보이지 않을 뿐 핸드메이더들은 각자의 과정에서 고군분투하고 있다. 인스타그램과 핀터레스트에 돌아다니는 이미지가 세상 전부는 아니다. 나의 롤모델인 미국 동화작가 타샤 튜더 할머니는 전기가 들어오지 않는 집에서 돌아가시기 전까지 꾸준히 그림을 그리고 인형 옷을 만들었다. 내 앞을 달리는 사람과 나를 따라 달리는 사람들은 앞으로도 항상 있을 것이다.

누구에게나 각자의 속도가 있다. 그렇게 우리는 서로에게 자극이 되기도 하고 선구자가 되기도 하며 함께 성장한다. 혼자 달리는 마라톤 중에 누군가는 빠르게 지나가기도 하고 뒤처지기도 한다. 그러니 낙심할 필요는 없다. 앞만 보지 말고 뒤도 한 번씩 돌아보자.

긍정 파워와 업무 처리의 관계 :
감정소비를 줄이자

나는 효율적인 걸 추구하는 사람이다. 기준이 돈이 아니었을 뿐.
시간을 효율적으로 쓰면서 다양한 걸 배우고 경험하려고 했다. 그러다
보니 시간 활용에 방해되는 요소는 다름 아닌 감정소비라는 결론이 나
왔다. 감정소비는 감정을 불필요하게 쓸 때를 말하는데, 상황에 따라서
감정 때문에 일을 그르치거나 진행이 더뎌지는 경우가 생각보다 많다.
보통 이런 경우에는 상황이 악화된 원인을 찾고 원망하게 되면서 안 좋
은 쪽으로 생각이 집중된다. 점점 상황은 돌이키기 힘들어진다. 하지만
냉정하게 생각해야 한다. 안 좋아진 개선하는 데 생각을 집중하는 것이
가장 빨리 상황을 해결하는 데 도움이 된다.

예를 들어 물건을 다음 날 납품하기로 했는데 직원이 패키지를 잘
못 사용해서 모두 다시 포장해야 하는 상황이 생겼다고 해보자. 당연히

직원의 실수에 화가 나고 훈계도 필요하지만 당장 내일이 납품이니 일정을 맞추는 일이 더 중요한 셈이다. 직원에게 화를 낸다고 해서 상황이 해결되진 않는다. 화난 나의 감정과 실수를 해서 미안한 직원의 감정이 뒤섞여 일의 해결이 더뎌질 뿐이다. 이럴 때는 정확히 상황을 파악하고 빠르게 일을 수습해 내일 납품이 가능한지 일을 조율하는 것이 우선이다. 납품한 후에는 왜 일이 잘못되었는지 확인할 필요가 있다. 직원과의 소통에 문제가 있었는지, 그렇다면 어떻게 소통방식을 개선할지 생각해 본다.

그렇다면 나의 감정은 어떻게 해야 할까. 직원의 임무는 맡은 업무를 잘 해내야 하는 것이고 감정 조절이나 문제 해결은 사장이 할 일이다. 일의 문제를 감정적으로 받아들이지 않고 일의 해결로 전환해야 한다. 회사에 손해를 입히려고 일부러 실수하는 직원은 없다. 직원의 실수가 반복되는 이유는 교육이 덜 되었거나 소통 문제가 대부분이다. 최악의 경우는 역량이 부족한 직원을 뽑은 사장의 실수다. 직원은 언제든 회사를 떠날 수 있다. 감정 조절이 안 되는 상사와 일하고 업무가 개선되지 않는다면 직원은 다른 회사를 고르면 그만이다. 하지만 사장은 회사를 떠날 수 없다. 그렇기에 함께 일하는 직원에게 감정 풀이 하는 것은 옳지 않다.

효율적으로 감정을 소비하는 것은 의외로 훈련이 필요하다. 컴퓨터 끄듯이 감정 스위치를 끌 수는 없는 노릇이다. 좋은 면을 바라보는 훈련을 하다 보면 자연스럽게 긍정적인 부분을 찾게 될 것이다. 『소피의 세계』의 '어둠은 단지 빛이 없는 상태일 뿐이야'의 구절처럼 조금만 고개를 돌리면 빛이 있는 곳을 찾을 수 있다. 긍정 파워를 장착하는 일은 생각보다 어렵지 않다. 단지 긍정적인 부분을 찾는 습관이 필요할 뿐이다.

건강 지킴이 :
워라밸을 지키지 않으면
병원에 누워서 일하게 된다

귀농한 지인을 오랜만에 만났다. 만나자마자 몸은 괜찮냐고 물어왔다. 지인의 아는 누나가 혼자서 가죽공방을 운영하고 있는데 올해만 링거를 세 번이나 맞았다고 했다. "저는 괜찮은데요?"라고 서둘러 대답했지만 문득 재작년에 손목에 힘이 들어가지 않던 날이 떠올랐다. 처음으로 출간한 자수 책 원고를 끝내고 일주일 정도 지났을 때다. 원래 한창 일하고 있을 때나 집중하고 있을 때는 아픈 줄 모르고 있다가 쉬느라 긴장이 풀리면 그제야 아픈 걸 느낀다. 수놓는 작업 자체도 많은 양이었지만 모든 도안을 파일화 하여 출판사에 보내야 했기에 작업량이 꽤 많았다. 원고가 끝나자마자 손목에 힘이 들어가지 않으니 기운이 빠졌다. 가까운 정형외과에 가서 엑스레이를 찍고 의사 선생님과 상담을 하는데 "손목을 많이 쓰긴 하셨네요."라며 손목 쪽에 마모가 많이 일어난 상태이니 일주일 정도 물리치료를 하면서 경과를 지켜보자고 했다.

속상한 기분으로 일주일 내내 정형외과에 다니며 적외선 치료, 전기 치료를 받았다. 왼손만 혹사시키며 일주일을 보냈는데도 오른손에 계속 힘이 들어가지 않았다. 주로 쓰는 오른손에 힘이 들어가지 않아 애를 먹었다. 게다가 나는 손으로 먹고사는데…. 세계 최고로 긍정 마인드를 가진 나였지만 일주일째 치료를 받고 있는데 호전이 되지 않으니 슬슬 걱정되기 시작했다. 동시에 손목에 어쩌나 미안한지. 고등학교 1학년부터 미대 입시와 함께 중노동을 시작했으니 어언 이십 년을 고생시켰다. 오른손을 많이 쓰는 것 같아 무거운 짐은 주로 왼손이 들게 했으니 모두에게 미안한 셈이다. 그리고 대책이 필요하다.

몇 년 전 협업했던 주얼리 공방 사장님이 생각났다. 주문받은 제품을 함께 포장하는 중에 그녀가 말했다. "사장님 죄송하지만 저는 네 시에 꼭 일을 마쳐야 해서요. 조금 빨리해야 될 것 같아요." 그녀는 일주일에 두 번 두 시간씩 헬스장에서 시간을 보낸다. 처음에는 PT를 받았지만, 벌써 이 년째 꾸준히 하고 있어서 지금은 혼자서도 운동을 할 수 있다고 했다. '미래의 자신을 위한 투자'이기에 운동은 정말 무슨 일이 있어도 나간다고 한다.

손목에 힘이 들어가기 시작하면서 운동을 알아봤다. 헬스장에 가지 않아도 할 수 있는 운동은 많다. 스마트폰 하나만 있어도 내 방은 홈 짐**home gym**이 된다. 하지만 엄청난 근성의 소유자가 아닌 이상 홈 짐으로 꾸준히 운동하는 건 너무나 어려운 일이다. 헬스 기구와 친하지 않은 나는 요가와 필라테스를 병행하는 곳으로 일주일에 두 번 이상 가기로 마음먹었다. 아무래도 혼자 다니면 자주 결석하게 되어서 운동 친구와 다닌다. 내 운동 친구는 작은 선생님이다. 약속하니 웬만하면 가게된다. 아침마다 침대에 좀 더 누워있고 싶은 몸을 힘겹게 일으켜 헬스장에 끌고 가서 이리저리 몸을 움직이고 나면 머리가 맑아진다. 개운함은 덤이다. 운동의 효과인지 두 번째 자수 책을 쓰고 나서는 일하는 도중 손목과 어깨가 가끔 뻐근하기는 해도 힘이 들어가지 않는 날은 없었다. 일도 더 잘되는 느낌이다. 최근에는 체력을 더 보강하기 위해 삼십 분 더 일찍 만나서 빨리 걷기를 하고 필라테스를 한다.

다양한 직업병이 있지만 열정이란 기름이 과하게 부어지면 결국 몸이 타서 재가 되는 법이다. 넘치는 열정도 좋지만 건강한 미래를 위해 꾸준히 나를 돌보며 체력을 조금씩 길러나가자.

동료와 함께 또는 혼자 :
정답은 없다.
하지만 동료는 없는 것보다 있는 것이 더 좋다

작은 선생님인 율리가 휴일에 집에 놀러 왔다. 딱히 배가 고픈 것도 아니고 간단히 먹고 싶을 때는 여느 때처럼 냉장고를 파먹는다. 냉장고를 여니 감자 한 알, 달걀 한 개, 버터, 소금과 후추, 노란빛을 띠는 체더 치즈와 흰 우유 조금이 전부다. 감자를 채 썰어 물에 담가 전분을 쏙 뺀 다음 물기를 탈탈 털어 버터와 함께 볶는다. 소금과 후추로 간을 하고 우유를 부어 약한 불에 자작하게 끓인다. 어느 정도 익으면 달걀 하나를 감자 위에 올리고 치즈도 한 장 올린다. 센 불로 불을 올려 보글보글 끓으면 불을 끄고 뚜껑을 덮는다. 잠시 수다를 떨고 나면 달걀도 살짝 익고 치즈도 녹아 있겠지.

음식을 만든다는 건 참 즐겁다. 신선한 재료와 적당한 간이 맛있는 음식의 기본이라면, 역시 가장 중요한 양념은 '사람'이 아닐까. 단순

한 재료로 만든 요리에 함께 먹는 사람의 애정을 곁들인다면 최고의 맛이 된다.

그녀를 알게 된 건 취미 생활 모임에서였다. 워낙 죽이 잘 맞아서 나이 따위는 상관하지 않고(그녀와 나는 6살 차이다) 틈만 나면 만나서 울고 웃는 사이에 어느새 친구가 되었다. 입버릇처럼 둘이 같이 일하면 좋겠다고 했다. 그러는 사이 나는 덜컥 공방을 오픈했고, 율리는 십 개월 후 출근하기 시작했다. 친구가 직원으로 들어온다고 하니 주변에서는 대놓고 말리지는 않았지만, 다들 좋지 않은 생각이라며 걱정 어린 조언을 했다. 그녀와 함께 여행도 여러 번 가봤지만 한 번도 티격태격 한 적이 없어서 크게 걱정하진 않았다.

모든 것에는 장단이 있다. 재미있는 건 같은 이유가 장점이 되기도 하고 단점이 된다는 점이다. 혼자 일할 때는 일을 조율하기 쉽다. 내가 할 수 있는 일의 분량을 정하고 그 분량만 처리하면 되지만 같이 일을 하게 되면 일을 만들어줘야 하고 잘하고 있는지 서로 점검해야 하므로 의외로 일은 두 배로 늘어나고 생각처럼 일을 조율하기가 쉽지 않다(그리고 일을 주는 것보다 점검하는 게 훨씬 더 중요하다). 하지만 동시에 일을 나눠 하지 않으면 내가 할 수 있는 일밖에 못 한다.

즐겁게 하는 것도 중요하지만 먹고 사는 일로 직결된다면 혼자서 모든 일을 처리하기는 쉽지 않다. 한 사람이 할 수 있는 일의 물리적인 양은 정해져 있다. 특히 우리처럼 손으로 하는 일이 많은 경우에는 손 하나가 아쉬운 법이다.

혼자 공간을 꾸렸을 때 가장 힘든 점은 공방 문을 여닫는 시간에 주인이 항상 있어야 한다는 것이다. 다양한 알바 경험과 여러 직종에서 일해본 결과, 공간을 운영할 때 가장 중요한 임무는 일정한 오픈 시간이다. 판매하는 곳이라면 더욱 그렇다. 우리 공방은 화장실이 외부에 있어 화장실에 갈 때도 문을 닫아야 한다. 왜 꼭 잠시 공방을 비우면 조용하던 공방에 손님이 오는지, 항상 타이밍이 문제다.

　혼자 일할 때 두 번째로 힘든 점은 선택의 바다에서 허우적댄다는 것이다. 공방 업무는 예측 불가한 일과 새로운 일이 많아 하루에도 몇 번씩 선택의 갈림길에 서게 된다. 모든 결정을 혼자 선택하고 또 그 옵션 중에서 가장 중요한 걸 고르다 보면 쉽게 지치기 마련이다. 당연히 모든 결정에 따르는 책임 또한 나에게 있다. 이럴 때 참고할 수 있는 다른 '의견'이 있다는 건 참 고마운 일이다. 동료가 있으면 의견을 물을 수 있고 그 생각이 또 다른 아이디어로 발전하기도 한다. 신제품 촬영 시 번갈아 가며 촬영하거나 똑같은 제품을 둘이서 찍어보고 더 나은 사진을 선택하는 것처럼 같은 일이라도 다양하게 결과물을 만들어 낼 수 있다.

　함께 공방을 운영하면 원하는 기간에 여행을 갈 수 있는 자유로움은 그중에서도 단연 최고의 장점이다. 바쁘게 일하는 와중에도 여행 계획이 생기면 공방의 일정을 확인해 서로 배려하고 맞추는 편이다.

　이런 상황이 가능한 이유는 우리 공방만의 독특한 예약 방식 때문이다. 100% 오픈 예약제를 운영하는 우리 공방은 정규 수업이 없다. 공방 스케줄은 블로그에 오픈되어 있어 수업을 원하는 사람들은 블로그에서 일정을 확인한 다음 비어 있는 시간에 예약한다. 미리 공지만 잘 해놓는다면 원하는 시간에만 예약을 받을 수 있다. 일의 강도에 따라 수업을 잡지 않기도 하고 욕심이 생길 때는 바쁘더라도 종일 수업하는 등의 예약 시스템을 구축해 놓으면 여러모로 편리하다.

　2017년 작은 선생님이 두 달 동안 유럽 여행을 떠났다. 서른 살이 되기 전에 꼭 유럽을 가고 싶어 했던 그녀를 위해 큰 고민 없이 시간을 조율했다. 우선 두 달이라는 시간을 비워야 했기 때문에 우선 지난해와 재작년의 매출을 분석해서 가장 한가한 달을 꼽아보았다. 보통 행사가 많은 봄에 수업이 적은 편이었다. 여행 일정을 잡은 다음에는 여행을 떠나게 되어 평상시의 공방과 조금 다르게 운영됨을 SNS에 공지한다. 예상과 달리 그 기간에는 한가하지 않았지만, 그녀의 소중함을 다시금 깨닫는 동시에 공방 시스템을 다시 점검하는 계기가 되기도 했다.

또 다른 좋은 점은 동료이자 친구이자 가족이 생긴다는 것이다. 언젠가는 함께 일을 못 하게 되는 상황이 생길 수도 있지만 함께 일하는 동안은 함께 먹고, 웃고, 공감할 수 있는 사람이 늘 곁에 있다. 상하 관계 없이 즐겁게 일하는 방법은 전적으로 신뢰가 바탕이다. 공방에 오는 많은 이들이 작은 선생님과 나의 관계를 부러워하면서도 한편으로는 걱정한다. 직원이 아닌 알바생으로만 계속 둔다면 책임감에서 분명 한계가 있다. 우리 공방에서 함께 성장하길 바란다면 직원과의 관계 또한 고민해 봐야 한다. 실제로 주변에 많은 사장님이 직원이나 알바생의 무책임함에 대하여 토로할 때가 종종 있다. 물론 책임감이 없는 사람도 있다. 책임감의 정도를 파악하는 기준은 사람마다 다르지만, 충분히 지켜보며 일하는 태도를 관심 있게 관찰한다면 그가 가지고 있는 성향을 파악할 수 있으리라 생각된다.

함께 일하는 사람과의 신뢰는 적응하는 시기가 필요하다. 작은 선생님도 나와 손발이 척척 맞기까지 일 년이라는 시간이 걸렸다. 일이 간단할수록 손발이 빨리 맞을 것이다. 하지만 하고 싶은 일도 많고 다양한 일을 벌이는 우리 공방에서 작은 선생님이 일에 익숙해지는 데는 더 많은 시간이 필요했다.

공방에 오는 사람들은 우리가 동업하는 것으로 알 때도 있지만, 업무에 관해서는 철저하게 사장과 직원 관계에 있다. 사실 이 부분이 동업하고자 하는 이들에게 전하고 싶은 가장 중요한 메시지다. 사장과 직원의 가장 큰 차이는 결정권에 있다. 서로 가감 없이 의견을 내고 수렴하고 조율하지만 결국 결정권은 사장에게 있고 그에 대한 책임도 사장에게 있다.

혼자 공방을 꾸려왔다면 어쩌면 중간에 그만두었을지도 모른다. 직원에게 월급을 줘야 한다는 책임감이 나를 더 열심히 일하게 만들었다. 가끔 운영이 힘들어서 그냥 여기까지만 할까, 라고 생각할 때도 있었지만 이제는 나 혼자만 생각할 수는 없는 노릇이다. 주변에서 운영이 힘들면 혼자 일하는 게 낫지 않겠냐는 말도 듣지만 작은 선생님은 이미 제 몫을 다 하고 있다.

마음에서 우러나지 않는 배려를 무조건 하기보다는 기본적으로 주변의 모든 사람을 존중할 필요가 있다. 기본적인 존중은 믿음에서 나온다. 그리고 관계 안에서의 믿음은 믿음을 주는 것에서부터 시작한다.

시간의 힘 :
오래 하면 잘하게 된다

처음 공방을 계약하고 오픈했을 때는 내 공간이 생겼다는 기쁨에 마냥 행복해하며 하루를 바쁘게 보냈다. 나만의 브랜드를 작게나마 제대로 만들고 싶었고 클래스도 준비해야 했기에 작은 일들이 쌓여 일이 산더미가 되었다. 작업실 겸 공방이 목적이었지만 무계획이었던 만큼 어느새 캔들 공방으로 둔갑했다. 당시 캔들 공방이 많지 않던 때라 그런지 블로그에 포스팅 몇 개 올렸을 뿐인데 수업을 희망하는 분들이 생각보다 많았고 공방 근처에 사는 분들도 방문해 캔들을 구매하기도 했다.

마냥 즐겁기만 한 나를 주변 사람들은 걱정하기도 했다. 그러면서도 나를 믿는 친구들은 잘 버텨봐, 오 년만 버티면 먹고산다며 위로를 건넸다. 오 년이라는 시간은 누가 정했을까. 실패나 성공을 가늠할 수는 없지만 그래도 성공을 위해서는 부지런해질 수밖에 없다. 주위에서는 추진력이 좋다고 얘기하지만 한편으로는 나도 느린 사람일 뿐이다.

　공방 업무가 하루하루 익숙해지고 수업도 늘어나면서 수강생들의 요구에 맞게 공방 오픈일을 늘리다 보니 놓치는 일이 많아졌다. 삼월 말부터 가정의 달인 오월 준비를 시작해야 했는데 막상 아무것도 준비하지 못 한 채로 정신을 차려보니 어버이날이었다. 만들어놓은 캔들도 부족해서 팔지 못하는 일도 생겼다. 이런 시즌에는 날짜를 지키는 게 생명이다. 이번 시즌은 망했다. 공방이라는 곳은 블랙홀과 같아서 출근하고 나면 계획했던 일은 하지 않고 자꾸 다른 길로 새게 된다. 철저하게 계획을 지키지 않은 내 잘못도 있지만 이러저러한 자잘한 상담과 공방에 들르는 사람들을 상대하다 보면 어느새 시간이 훌쩍 지나가 있는 경우도 생기고 만다.

　주문 들어온 캔들을 만들려고 용기도 준비하고 심지도 준비한다. 왁스도 녹았겠다, 막 캔들을 만들려고 했는데 오일이 뚝 떨어졌다. 지난 수업 시간에 다 써버려서 재료를 주문하려 했는데 또 다른 일에 신경 쓰는 찰나에 잊은 것이다. 손님은 내일까지 꼭 필요하다고 했고 어쩔 수 없이 눈물을 머금고 가장 가까운 거래처에 연락해 오일을 주문해서 퀵으로 받았다. 퀵을 부르느라 배달 비를 많이 지출했으니 이번 수익은 없는 거나 마찬가지다. 공방에서 운영하는 활동이 다양하면 재고 체크, 각종 일정, 시즌 상품 제작 등 업무량이 많아 전체적으로 관리가 잘 안되는 상황이 오고야 만다.

　처음 어떤 일을 시작할 때는 모두가 올챙이 시절이다. 올챙이는 아직 손도, 발도 없어서 앞으로 나가는 일밖에 할 수 없다. 자라면서 뒷발과 앞발이 나오면서 개구리의 역할을 제대로 할 수 있게 된다. 점프도 하고 물 밖으로 나갈 수도 있다. 모든 일은 처음이 있다. 같은 분야에서 일정 시간 일을 하게 되면 처음에는 시간이 걸리고, 고민이 필요하다. 하지만 언젠가는 내 손가락이 자연스럽게 움직이는 것처럼 어려

웠던 일들이 가벼워지고 쉬워지는 순간이 온다. 할 일을 하나하나 적어 놓고 일해도 모자라던 시간은 어느새 여유로워져서 부업을 해볼까 하는 생각마저 든다.

오랜 시간 공방에 머물면 캔들 향이 옷에 스미듯, 일이 내 몸에 배인다. 시간이 지남에 따라 경험했던 다양하고 소소한 일들이 손과 몸과 머리에 기록되어 때가 되면 어떤 일을 해야 하는지 자연스럽게 생각난다. 수 없이 저지른 많은 실수와 예상치 못한 일에 당황했던 내가 있었기에 가능한 일이다.

작은 선생님과 나는 우리를 농부라고 부른다. 함께 '기획' 혹은 '신제품'이라는 씨를 뿌리는 농부다. 우리는 계절에 따라 혹은 기분에 따라 씨앗을 만들고 잘 포장해서 여러 장소에 뿌려본다. 어떤 씨앗은 자라기도 하고 어떤 씨앗은 그대로 잊혀진다. 하지만 열매를 맺은 씨앗과 죽은 씨앗을 키우는 사이에 배운 다양한 농사 팁으로 다음 씨앗을 뿌리기도 하고 더 좋은 씨앗을 만들기도 한다. 어떤 씨앗은 일 년이 지나고 나서야 새싹을 피우기도 한다. 그중 열매를 잘 맺은 씨앗으로 공방을 유지하는 것이다.

공방을 오픈하고 수익 구조를 만들어 가는 과정은 참고할만한 교재도 사례도 많지 않다. 그렇기에 이것저것 할 수 있는 일들을 몸으로 부딪쳐 시도하곤 한다. 예산이 많다면 큼직한 일을 바로 시작할 수 있지만 처음부터 예산이 많이 들어가는 일을 시도했다가 실패하면 그만큼 손실도 크다. 이럴 때는 충분한 예산을 모아서 제대로 된 씨앗(기획 혹은 제품)에 투자하는 것도 좋은 방법이다. 하지만 우리가 만들어가는 이 분야에 정답은 없다. 또한 트렌드는 끊임없이 변화한다. '이런 제품을 만들어서 팔면 돈이 될 거야!'라는 정답은 아무도 알려주지 않는다.

결국은 우리는 우리만의 씨앗을 만들어서 뿌려보고 나오는 결과에 따라 경험 치를 쌓을 수밖에 없다. 결과를 분석하고 성과에 따라서 다음 농사를 준비한다. 계절을 거스르는 농사가 없듯이 우리 제품도 계절이 지나고 시간이 지남에 따라 제품의 품질도 좋아지고 고객의 반응도 더 좋아질 거라 예상된다. 하나하나 내 손으로 가꾼 공간과 브랜드의 가장 좋은 거름은 결국은 시간이다. 성실하게 그리고 꾸준히 느리지만 확실한 거름을 주면서 잭의 콩나무처럼 성장할 공방의 모습을 기대해 보자.

공방의 하루 :
내가 만든 작고 작은 나의 소우주

아침에 일어나 날씨를 확인했더니 비가 온다고 한다. 장화도 챙겨 신고 우산도 쓰고 오늘도 어김없이 공방으로 출근한다. 열쇠를 따고 문을 열고 'OPEN'이라고 적힌 입간판부터 꺼내놓는다. 간밤에 싹 먹어 치운 고양이 밥도 한 컵 채워놓고, 공방 앞 식물에 물을 준다. 어제 미처 정리하지 못한 책상도 정리하고 걸레로 한 번 닦아준다. 공방 한켠에 진공청소기도 있지만 일주일에 한 번쯤은 방바닥 닦듯이 걸레로 바닥을 닦아주고 나면 마음까지 개운하다. 공방 앞은 바람길이라 그런지 나뭇잎과 먼지가 한가득하다. 오늘은 비가 와서 깨끗한 편이지만 보통은 양동이에 물을 받아 세 번 정도 뿌린 다음 알록달록한 플라스틱 빗자루로 꼼꼼히 쓸곤 한다. 바깥 청소까지 하고나면 오래된 가게의 베테랑 주인이라도 된 것 같아 괜히 어깨가 으쓱해지곤 한다.

공방은 전면이 유리로 되어 있고 서남향으로 창문이 나 있다. 알고 계약한 것도 아닌데 요즘 말로 '햇살 맛집'이다. 계절마다 빛이 들어오는 시간은 달라지지만 빛이 가득 들어오는 시간에는 직사광선이 아니라 빛이 옆으로 자연스럽게, 알맞게 들어오곤 한다. 시간과 계절에 따라 빛의 질감이 달라진다.

처음 제주도에 갔을 때 시시각각 변하는 하늘의 색과 예쁜 구름 모양에 반했다. 하늘색이 하늘색만 있는 게 아니라 정말 다양한 색이 있다고 생각했는데 공방에서 일하고 나니 날마다 노을 색이 다르다는 것도 알게 되었다. 비가 오는 날의 노을은 청색이다. 큰 건물 안에서 일했을 때라면 누리지 못 했을 소소한 일상이다.

비가 가시고 어느새 해가 나왔다. 비 오는 날을 유난히 좋아하는데 비 오는 소리도 좋지만 비가 개인 후의 깨끗한 공기가 좋다. 상쾌한 공기를 들이마시고 반짝이는 길을 바라본다. 청량한 공기만큼 깨끗한 햇빛이 공방에 들어오기 시작한다. 음악을 틀고 커피를 내리기 위해 물을 끓인다. 지인에게 선물 받은 원두를 두 숟갈 넣고 갈면 커피 냄새가 솔솔 나기 시작한다.

그렇게 잠시 카페 놀이를 즐긴다. 도란도란 이야기를 하고 있으면 해치가 엄마와 함께 놀러 온다. 해치는 엉덩이가 통통하고 잘 구운 인절미 같은 색의 포메리안 강아지다. 프로 산책러답게 매일 공방에 들러 물도 마시고 잠깐 쉬었다 간다. 공방에 놀러 오는 동네 강아지는 약 열 마리 정도 된다. 지금은 이사 가서 더 이상 만나지 못하는 엠버와 나루, 해외로 입양되기 전에 공방에 놀러 왔던 버터, 근처 회사에서 다 함께 키우는 석호. 캔들의 향과 고양이 향(?)으로 향긋한 공방 앞은 주인이 가자고 해도 멈칫하고 버티게 만드는 마력의 산책 코스다.

도란도란 이야기하는 와중에 손님이 들어온다. "들어가도 되나요?" "네네, 어서 오세요. 필요한 거 있으세요?" 일반적인 가게의 모습이 아니므로 불쑥 들어오기는 아무래도 민망한가 보다. 오죽하면 예전에는 '들어오세요'라고 써서 출입문에 붙였을까. 우리 공방의 캔들을 친구에게 선물로 받았는데 너무 좋았다고 했다. 본인도 선물할 사람이 생겼는데 어떤 선물을 할지 고민하다가 우리 공방이 생각났다고 한다. 이 맛에 정성 들여 꾸준히 캔들을 만들게 된다.

출입문을 요주가 막고 앉았다. 요주는 요정이의 딸(요정이 주니어. 줄임말로 이요주)이다. 간식을 맡겨놓기라도 한 듯 당당하게 버티고 섰다. 요주 동생 요미(요정이 막내딸이라 말'미'에서 따와 요미)부터 라쿤을 닮은 쿤이, 레오나르도 디카프리오 뺨치게 잘생긴 레오, 얼굴이 몸만큼 큰 뚠뚠이 등 다들 시간표라도 공유하는지 한두 시간 간격으로 공방에 와서 밥 동냥을 한다. 연남동에는 동물을 사랑하는 사람들이 많아서 그런지 동물들이 모두 포동포동하고 경계심이 덜한 것 같다.

고양이 손님들도 다녀가고 오늘은 비가 와서 촉촉하니 저녁은 라면이다! 핫플레이트에 라면을 두 개 끓이고 공방 밖에 작은 접이식 책상을 펼쳐 작은 선생님과 함께 길거리 라면을 먹는다. 상쾌한 공기와 저녁 노을을 바라보며 야외에서 먹는 냄비 라면은 꿀맛이다. 우연히 지나가던 다른 가게 사장님이 우리를 보더니 '낭만'이 있다고 했다. 그렇게 여겨주는 마음이 더 낭만으로 다가왔다.

오늘은 저녁에 자수 수업이 있는 날이다. 퇴근 시간과 겹쳐 저녁 식사를 하지 못하고 오는 수강생들도 있어 차와 간단한 다과도 준비해본다. 벌써 칠 주째 만나는 날이니 나눌 이야기도 많다. 여행 다녀온 이야기, 지난주에 다녀온 맛집 이야기 등, 잠시 수다도 떨지만 금세 자수에 빠져 고요해지곤 한다. 한 시간 반은 순식간에 지나간다.

저녁에 수업이 있는 날은 다른 날보다 아무래도 조금 더 피곤한 날이 된다. 공방을 정리하며 작은 선생님과 잠시 수다를 나누고 아홉 시에 퇴근을 준비한다. 몇 년 전만 해도 뭐가 그렇게 재미있는지 매일 보는데도 열 시, 열한 시까지 공방에서 일하며 수다를 늘어놓으며 겨우겨

우 퇴근하곤 했다. 지금은 일의 양보다는 일의 강도가 높아졌기 때문에 피곤함이 더하다. 이제는 퇴근 시간이 되면 칼퇴근이다.

이렇게 소소하지만 낭만적인 공방의 하루를 보내고 나서도 헛헛한 기분이 들 때면 가끔 찾아보는 드라마가 있다. 〈빵과 스프, 고양이와 함께 하기 좋은 날〉이라는 총 네 편으로 구성된 일본 드라마다. 회사에서 갑작스럽게 부서 이동을 권고 받자 바로 퇴사해 버린 주인공은 계획에 없던 엄마의 식당을 직접 운영하기로 한다. 그만의 방식으로 식당을 오픈하고, 하나둘 손님이 늘어나며 일상 속에서 다양한 에피소드가 생겨난다. 특별할 것 없는 전개지만 주인공의 소소한 일상은 여느 공방 지기의 공감을 산다. 대사에서 느껴지는 그녀의 태도가 헛헛해진 내 마음을 살포시 채워준다. 공방을 준비하는 이에게 공방을 운영하는 헛헛함을 달래줄 드라마 〈빵과 스프, 고양이와 함께 하기 좋은 날〉의 대사를 전한다.

"자기가 무엇을 좋아하는지 아는 사람은
여러 가지 재능들을 즐기는 게 가능한 거야."

"간단한 메뉴로 제가 할 수 있는 것부터 시작하려 합니다.
자신만의 방식으로 가게를 꾸려가는 것
그것이 지금 저의 결심입니다."

"아무리 간단해도 기준이라는 건 지켜나가기 힘들겠지요.
하지만 오늘도 노력해 봅니다."

"선생님, 잘 지내고 계신가요?
저는 요즘 신기한 기분이 들 때가 있습니다.
사람은 슬프면 울고

기쁘면 즐거워하고
여러 사람과 어울려 있다가도
때로는 갑자기 혼자가 되기도 하고
해가지고 조용한 시간이 다가오면
마치 아무일 없었다는 듯이 잠들고
혼자도, 함께도 아닌 것. "

"아… 이렇게 살아가는 사람도 있구나,
라는 생각이 들어서 마음이 엄청 편안해졌어요. "

3

다른 공방은
어떻게 지내나요

✕ ✕

기본이 되는 그릇,
그릇을 만드는 터

기기도요

디자이너와 작가가 운영하는 공방이다.
자신의 세라믹 브랜드 NCW의 작업실 겸
도예 공방을 함께 운영한다. 디자이너가
운영하는 감각적인 도예 공방이면서도,
도자의 전문성까지 돋보인다.

**기기도요의 시작과 공방 이름의 유래가
궁금합니다.**

공방을 시작하면서 가벼운 마음으로
시작하지는 않았습니다. 꽤 오랜 시간에
걸쳐 브랜딩 작업을 하였습니다. 이름에
한자를 사용했는데, 홍콩으로 여행
갔을 때 전시장의 한자가 굉장히 새롭게
느껴졌어요. 어렸을 때부터 익숙한
한자인데, 당시에 저에게 다가오는 인상이
특별하게 느껴져서 한자로 이름을 만들고
싶었어요. 특히 한자는 경우에 따라서
간단하지만 많은 의미를 가지고 있어서 그
점을 돋보이게 하고 싶었어요.

**디자인 스튜디오를 운영하다 공방을
추가로 시작한 이유가 있을까요?**

세라믹 디자인 브랜드를 약 10년간
운영해 오면서 주변에서 배우고 싶다는
말씀을 종종 들었습니다. 이전 상수동
작업실에서 소규모로 시작해 봤습니다. 그
경험을 바탕으로 연희동 작업실의 공간을
이전하면서 1층을 공방으로 구상했습니다.

다른 공방과 차별화되는 점이 있을까요?

디자이너이기도 하지만 생산 기반의
작업을 주로 하기 때문에 수강생들에게
효율적인 방법을 알려드릴 수 있다는
점이죠. 현장성을 중심으로 설명을 많이
해드리는 편이에요. 석고로 만드는 방법은
전문적인 지식이 필요한 순간이 있는데,
그럴 때마다 작업을 도와줄 수 있는
전문성이 장점이 되곤 합니다.

**제품에서 풍부한 감성이 느껴져요. 비법이
있을까요?**

저는 최대한 지속 가능한 도자기를
만들고 싶어 합니다. 그것은 기본적인
기능인 쓰임에는 당연히 문제가 없어야
하며 NCW만의 디자인 언어가 있어야
한다고 생각합니다. 어려운 일이라고 항상
생각하고 있습니다.

**지속가능하려면 끊임없이 아이디어가
나와야 할 텐데요. 아이디어가 소진되면**

어디서 영감을 얻나요?

제가 좋아하는 것(영화, 음악, 산책)을 많이 하려고 합니다. 그러다가 잠시 멍하고 있는 시간에 많은 생각이 떠오릅니다. 처음엔 단어들로 시작되고 그 단어들이 연결되어 하나의 작은 문장이 되면서 콘셉트를 만들곤 합니다. 지금도 그렇고요.

슬럼프가 오거나 힘들 때 이겨내는 방법이 있으신가요?

저는 우선 잠시 멈춘 상태가 필요하다고 생각입니다. 목적지를 정하고 어떻게든 열심히 가봐야 하는데, 갈 데를 정하지 못한 상태에 마음만 졸이다가 속만 상하고 괴로워합니다. 잠시 멈춰서 내 위치도 파악하고 가야 할 방향도 알아보고 해야 하는 것인데 말이죠. 안 될 때 억지로 절대 안 되는 걸 그때 알고 다시 그런 시기가 오지는 않았지만 만약에 다시 무기력해지고 작업이 잘 안되는 날이 온다면 잠시 쉬었다가 가라는 의미로 알고 안식년을 가져보려고 합니다. 적어도 안식일이라도요.

앞으로의 방향성에 관한 이야기를 듣고 싶어요.

제가 하는 일을 항상 길게 생각하고 있고 좋아하는 도자기를 오래 하고 싶은 생각이 가장 큽니다. 그렇기에 공방에서는 많이

알려주고 나누고 싶습니다. 기회가 된다면 더 나누는 일을 하고 싶습니다. 처음 공방을 만들면서 계획했던 동네에 위치한 친근한 공방과 주변에 사시는 동네 분들과 나누고자 했던 것 중 아직 실천하지 못한 것들이 많이 있습니다. 올해는 그중에서 한가지라도 해보려고 합니다.

**도자기 공방을 시작하려고 하시는
분들에게**

공방을 하고 싶으면 우선 다른 공방에서 최소한 1년은 공방 일을 하고 시작해 보라고 말해주고 있습니다. 당연히 도자기는 잘 만들 수 있다고 생각하지만, 수강생에게 그 방법을 알려드리는 건 또 다른 일이라고 생각합니다. 배우는 것에 익숙하다가 가르치려고 하면 더 많은 준비가 필요해요. 교육 과정을 계획하고 설정하는 것도 중요하기 때문에 다른 공방에서 일하며 배우기를 바랍니다. 그리고 가장 중요한 이유는 운영하면서 발생하는 작지만 중요한 일들의 해결 능력을 키우는 방법을 배우게 됩니다. 물레 또는 가마 등 도자기 작업에 필요한 여러 기계의 고장, 세무, 고정 지출(재료, 전기 등)과 같은 현실적인 일들은 모른 채 시작하게 되면 빠르게 문제를 맞닿게 되는데 이럴 때마다 지난 경험들이 많은 도움이 될 거라고 생각됩니다.

공방 대표   **윤남**
오픈   **2020.03**
위치   **서울시 서대문구 연희동
170-190 1층**
instagram.com/qiqidoyo

186

**따뜻한 온기를 담은
캔들, 비누 공방**

아뜰리에
릴리

아뜰리에 릴리Atelier Lily는 꾸준한 연습을 통해 기본기를 탄탄히 다지며 차근히 오픈을 준비했다. 강릉 여행 중 도시로 부터 따뜻한 인상을 받아 강릉에 공방을 오픈했다. 클래스와 제품을 판매하는 등 비즈니스 모델을 꾸준히 추가하고 있어 인기가 높아지고 있는 캔들 공방이다. 릴리 공방만의 색깔을 담기 위해 끊임없이 고민하는 과정을 담았다.

아뜰리에 릴리는 어떻게 오픈했나요?

공방을 차리기 전에는 영화와 커피 관련된 일을 했어요. 그러던 중 향기와 아름다운 것들에 둘러싸여 좋아하는 일을 하고 싶다는 생각에 캔들과 비누 공방을 오픈했습니다. 일을 쉬는 동안 우연히 캔들을 접하게 되었는데 손으로 무언가를 만들고 집중하는 시간이 위로와 힐링이 되었어요. 그 이후 점점 매력에 빠졌습니다.

공방을 강릉에 오픈하셨는데요.

바다를 좋아하고 느리게 살고 싶은
마음에 강릉으로 오게 되었어요. 관광지다
보니 여행객들이 많이 찾아주세요. 다른
지역에서 여행 오는 분들이 공방에서 좋은
시간을 보내고 추억의 일부를 만들어가는
모습을 보면서 저 또한 보람과 행복을
느낍니다.

아뜰리에 릴리는 무슨 뜻인가요?

공방 이름은 좋아하는 영화 제목에서
가져왔어요. 릴리가 주는 어감과 이미지가
제가 좋아하는 감성에 잘 어울린다고
생각했고요. 더 예쁜 이름이 없는지 몇 년
동안 고민했지만 결국 제 마음에 쏙 드는
이름은 릴리였어요.

공방 운영에 중점을 두는 건 무엇인가요?

나만의 색을 찾는 일이 공방을 시작하면서
가장 힘들었어요. 우리 공방의 색은
무엇인지 항상 고민해요. 지금도 그
과정이고요. 수많은 공방, 비슷한 작품들,
현실과 타협해 가는 부분들 속에서도 우리
공방만의 색을 유지하고 싶어요. 모든 것을
제가 결정하고 만들어가야 한다는 점도
쉽지 않아요. 스스로 결정하고 선택하지만
작은 것 하나라도 공방의 이미지를
생각하면서 손수 만들어요.

기억에 남는 수강생이 있나요?

수업에서 최대한 수강생의 요구를
들어주려고 해요. 다양한 방법으로 본인
스타일의 결과물을 만들었으면 해서요.
어느 날 강원도 여행 중인 귀여운 커플이
공방에 들렀습니다. 남자분은 고양이
캔들을 만들고 여자분은 본인만큼 귀여운
딸기 캔들을 만들었어요. 두 분은 수업이
끝난 후에도 여행을 이어갔는데요.
여행지를 배경 삼아 우리 공방에서 만든
캔들의 후기 사진을 보내주었어요. 딸기
캔들은 새하얗게 눈이 쌓인 삼양목장에서,
조개를 얹은 고양이 캔들은 강문해변에서
찍어요. 두 분의 추억에 우리 공방의
캔들이 함께해 여행이 더 즐거워졌을
거란 생각에 얼마나 뿌듯했는지 몰라요.

앞으로도 많은 분의 여행에 감초처럼 함께
하고 싶어요.

최근에 공방을 이사했다고요. 앞으로
공방에 기대하는 지점이 있나요?
하는 일이 많아지니 공간이 부족하기도
했고, 골목 구석에 있어서 공방을 알리는
데도 한계를 느꼈어요. 기존에는 클래스
위주로 공방을 운영했다면 새로 옮긴
곳에서는 공간을 늘리면서 판매도
병행하고 쇼룸 형태도 갖추어 작업과
클래스, 쇼룸 운영이 수월해진 것 같아요.
앞으로 지금처럼 좋아하는 캔들을 만들고
그 일을 여전히 즐길 수 있었으면 좋겠어요.
제 일을 통해 아뜰리에 릴리를 찾는 모든
분이 행복과 재미를 느꼈으면 좋겠습니다.

공방 대표 **릴리**
오픈   **2018.05**
위치   **강릉시 교동 임영로 192**
instagram.com/atelier_lily_

공방과
회사의 경계

데코라티프

데코라티프는 2대째 스테인드글라스
공방을 운영하는 진영글라스에서 파생된
세컨드 브랜드이다. 공방과 회사의 경계를
파도 타듯 운영하는 공방지기의 역할은 참
다양하다.

데코라티프는 어떤 곳인가요?
공예 및 건축 스테인드글라스를 제작하고
클래스를 운영하고 있습니다. 빛에 대한
개인적인 관심 때문에 취미로 찾아간
진영글라스에서 소품과 클래스를 병행하는
세컨드 브랜드를 만들고자 해서 공방을
만들게 되었습니다. 당시 진영글라스는
유리를 수입해서 주로 건축물에 들어가는
큰 작업을 진행하는 회사였어요.
스테인드글라스의 대중화가 필요하다고
생각했기 때문에 자연스럽게 대중을 만날 수
있는 공방을 오픈했습니다.

**위험한 소재를 다루는 것 같은데
수업하기에 힘들지는 않은지 궁금합니다.**

많은 분께서 유리라고 생각하시면 위험부터
생각하는데 정해진 매뉴얼에 따라 순서를
지키며 작업하면 위험 요소가 거의
없습니다. 유리는 깨지면 안 되는 물체로
인식하지만, 스테인드글라스는 기본적으로
유리를 깨는 작업입니다. 평소에 해보지
않는 경험을 하기 때문에 시작할 때는
두려워하지만 막상 시작하면 굉장히 집중이
잘 되서 오히려 안전해지는 것 같아요.

스테인드글라스의 매력은 무엇일까요?

외관이나 창을 스테인드글라스로 레이어를
만드는 경우가 많습니다. 인테리어에
포인트를 줄 때도 많이 사용합니다.
재료는 클리어 유리와 오팔 유리 이렇게
두 가지로 나뉘는데 클리어 유리의 경우
그림자 없이 빛 그대로 그림자가 생기고,
오팔 유리는 유리가 빛을 받으면 색감이
더 밝아지면서 유리의 느낌이 맑아집니다.
스테인드글라스로 공간의 분위기가 한층
좋아진다는 느낌이 들 때 스테인드글라스의
매력이 돋보이는 것 같아요.

**새롭게 도전하는 공방 운영 방향성이
있나요?**

장식품이 아닌 실용성을 함께 가져가면서
장식적인 요소를 겸비한 그런 작업을 주로
하고 싶습니다. 요즘엔 나무와 결합해
만드는 작업에 재미를 느껴 여러 작업을
하고 있어요. 테이블, 거울, 라이트 박스 등
다양한 구성을 통해 소비자에게 다가가도록
노력하고 있습니다. 스테인드글라스가
장식적인 이미지가 굉장히 강한 분야라고
생각해요. 단순하게 장식적인 소품이
아니라 생활 속에서 쉽게 사용이 가능한
제품 군을 늘리고 있어요. 언젠가는 하나의
건물이 구석구석이 스테인드글라스를
이해할 수 있는 장소로 만들어보고 싶어요.
건물을 감싸는 통유리는 스테인드글라스로
제작되어 있어서 다양한 유리의 질감을
자연스럽게 경험할 수 있었으면 좋겠어요.
화방에서 물감을 사듯이 유리를 살 수 있고
다양한 스테인드글라스 전문 도구들도
부담 없이 구매할 수 있는 상점도 있다면
좋겠네요.

공방 대표 **남한울, 박진영**
오픈 **2016.06**
위치 **서울시 영등포구 선유로130**
instagram.com/decoratif_official

노커스

노커스KNOCKERS는 공방이라고 부르기에
경계가 모호한 테일러 브랜드지만 자신이
하고자 하는 일을 풀어내고 지속 방향을
고민하는 방법이 공방과 닮았다. 모든
제품과 스타일링을 노커스만의 브랜드
철학을 기준으로 운영해왔기 때문에 꾸준히
성장할 수 있었고, 빠른 시간에 브랜드
인지도를 높였다. 창업자가 자신의 취향을
얼마나 잘 알고 정확하게 인지하는지에
따라 브랜드의 선택과 집중이 보인다.

노커스는 어떻게 시작했나요?
노커스는 수트 테일러숍입니다.
오래전부터 남성 패션에 관심이 많았어요.
창업에 관심이 있던 터에 지인이 사업을
시작했는데, 그 과정을 도우면서 간접
체험을 해보았습니다. 사업이라는 게
무조건 돈을 따라가는 것이 아니라 내가

하고 싶은 일을 하면서 어려움을 풀어가야
한다고 말해줘 오픈에 힌트를 얻었습니다.

패션에 관심이 많았나 봐요.
사회복지를 복수 전공했어요. 사람에게
도움을 주는 것과 상담하는 일이 성격에
잘 맞아 두 가지를 결합한 게 무엇일까
고민하다 보니 그것은 바로 '스타일링'
이었어요. 가볍게 던졌던 패션 팁으로
많은 도움을 받았다는 지인들의 이야기를
들었어요. 패션으로 삶의 질을 높일 수
있다고 알게 된 거지요. 회사를 그만두기
전에도 주말이나 개인 시간을 이용해서
스타일링 공부를 했어요. 그래서 서른 살에
회사를 그만두게 되었습니다.

**일반 테일러숍과 다르게 노커스만이
가지고 있는 특징이 있나요?**
캐주얼과 클래식 수트 등 여러 종류를
아우르는 퍼스널 컨설팅을 하다 보니
남자를 돋보이게 하고 격식 있게
만들어주는 것은 수트밖에 없다는 생각에
테일러를 선택했습니다. 사이즈에 맞는
옷을 만들어주는 것은 기본이고 고객의
단점을 커버하고 장점은 살려주면서
고객의 이미지 메이킹까지 도와주고
싶었어요. 그래서 머리부터 발끝까지
전체적으로 그 사람을 보여주는 이미지
메이킹과 테일러숍이 결합한 형태의 토탈
스타일링을 시작했습니다.

비즈니스 모델은 어떻게 설정했나요?

어느 정도 자리를 잡아가는 과정에서
때마다 브랜드를 성장시키고 비즈니스
모델도 조금씩 변화해야 하는 부분이 쉽지
않았어요. 찾아오는 고객층도 달라지고
거기에 맞게 전략도 변경해야 하는데요.
시대의 흐름을 잘 파악하고, 같은 맞춤
정장이라 하더라도 철학과 타깃팅으로
어떻게 운영하느냐에 따라서 전혀 다른
비즈니스가 될 수도 있는 거죠.

작은 공간에서 시작했는데요.

처음에는 지인이 운영하는 카페에서 한쪽
코너를 이용해 책상 하나에 재봉틀을
올려놓고 시작했어요. 블로그를 통해
패션 컨설팅을 지속해오다가 우연히
방송 출연을 하게 되었고 그 계기로 일이
다양하게 확장되었습니다. 남성 전용
헤어숍과 콜라보레이션을 하게 되면서

숍앤숍으로 일 년 정도 운영하다가 북촌에
3평짜리 노커스를 오픈하게 되었어요.
이후 브랜드에 확신이 생겨 을지로에
작은 건물을 통째로 공사해서 확장하게
되었습니다. 작은 건물이지만 전체를 쓰고
있어서 '을지사옥'이라고 이름을 붙였어요.

브랜드와 어울리는 공간을 찾는 팁이 있을까요?

노커스 북촌점은 3평 남짓이지만 북촌으로
들어가는 초입에 위치하고 있어 한옥의
분위기를 담고 있는데, 그 점이 노커스만의
클래식한 분위기와 잘 맞았어요. 가게의
위치는 어느 정도 유동 인구가 있어서
지나가다 가볍게 들어올 수 있는 분위기를
만들면 좋겠다고 생각했어요. 우리가
타깃으로 하는 사람들이 많이 찾아올 수
있는 곳, 그리고 브랜드의 강점과 색깔이
잘 맞는 장소가 중요했어요. 북촌 매장과

같은 가격대지만 규모가 큰 지하 매장도
있었어요. 하지만 작더라도 좀 더 유동
인구가 많은 곳을 택한 이유는 첫 달부터
매출이 더 많을 거라는 믿음이 있었기
때문입니다.

공간을 어떻게 만들었나요?

작은 공간이라 구석구석을 잘 활용하는게
중요했어요. 가장 중요한 고객 상담
장소에 특히 신경썼습니다. 많은 고민을
했지만 자재나 필요한 조언은 전문가에게
구했어요. 많은 분이 직접 시공해서
비용을 절감하고 싶어 하는데 전문가에게
맡기는 게 오히려 비용을 더 절감할 수
있어요. 브랜드 아이덴티티가 명확하게
드러나게 하려면 전문가에게 의뢰하는 걸
추천합니다.

혼자 하는 일의 장점이 있을까요?

혼자라 힘든 점도 많지만 스트레스는
적어요. 어느 정도 시스템을 정리한 후엔
시간도 자유롭게 활용할 수 있어요. 저는
프리랜서를 하다가 브랜드를 만들었어요.
브랜드를 운영할 때는 확실히 개인의
커리어보다 노커스라는 브랜드 안에서
커리어가 쌓이고 성장하는 걸 느낄 수
있어요. 브랜드를 믿고 손님들이 꾸준히
방문하는 걸 보면 브랜드가 스스로
자생하고 생명력을 가지고 있다고
생각합니다.

향후 노커스는 어떤 모습일까요?

수트로 하여금 사람의 가치를 높여주는
일을 꾸준하게 하는 것이 첫 번째입니다.
또한 노커스의 철학을 경험으로 확장해
사람들에게 전달하고 싶어요. 협업이나
문화적인 경험을 통해 하나의 라이프
스타일로 만드는 것이 현재의 계획입니다.

공방 대표 **박지현**
오픈 **2014.05**
위치 **북촌점 - 서울시 종로구 계동길 23**
을지사옥 - 서울시 중구 삼일대로12길 16-6
www.knockers.co.kr
instagram.com/knockers_korea

일공구
레더스

권백규 대표와 인터뷰하고 나니 숙연해지는
기분이었다. 장인 유전자를 타고난 분을
만나고 온 기분이랄까. 인터뷰 장소는
용산이었지만 마치 교토의 어느 가죽
공방으로 당일치기 여행을 다녀온 기분이
들었다. 거울을 보는 것처럼 자신과 닮은
가죽 제품을 제작하는 권백규 대표는
자기만의 방식을 고집한다. 어떤 가게든
사장 따라간다는 말이 있듯이 어떻게 일을
진행하든 정답은 없다. 하지만 스스로가
시간과 노력을 쌓아 보여줄 수 있다면
누구도 그 노력을 반증하기는 힘들다.
인터뷰하고 나오는데 작년에 만든 연감
(年鑑)을 선물 받았다. 작업에 대한 후회를
후회로 그치지 않고 차곡차곡 기록해 매년
연감을 만든다고 했다. 연감을 바라보며
나의 작업도 하나씩 쌓아 올려야겠다고
다짐했다.

**일공구 레더스109 LEATHERS는 어떤
공방인가요?**

가죽 만진 지는 십삼 년, 공방을 만든
지는 육 년이 되어갑니다. 로고는 저의
이름인 '백규' 한글 발음표기를 아라비아
숫자로 만들어 지은 공방의 타이틀입니다.
백규라는 이름의 뜻풀이에서 로고의
의미를 찾을 수 있습니다. 가장 높이
올라있는 백과 별 규를 합쳐 가장 빨리
뜬 별을 의미합니다. 의미를 발전시켜 하루
중 가장 빨리 피는 나팔꽃의 이미지도
포함해 형상화했습니다.

작업을 꾸준히 유지한 비결이 있을까요?

이번 생에서는 엄청난 부를 축적하기는
힘들 것 같아요. 수익 구조 자체가 어렵죠.
자본주의 사회에서 돈을 쫓아가지 않을
수는 없지만 부를 추구하다 보면 어느
지점에서 한계가 오지 않을까요. 하지만
저도 어느 정도는 영리 목적으로 운영하고
있어요. 주문 들어온 제품을 시간이 걸려도
제대로 제작해서 차례차례 납품합니다.
같은 경제 활동이지만 만족의 기준이
다릅니다. 많은 물건을 납품하는 것도
좋지만 하나의 제품을 제대로 만들어서
다른 사람에게 만족감을 주는 것도 정말
기분이 좋아요. 제가 생각하기에 인생에서
하고자 하는 흥미로운 일이 곧 내가 잘하는
일이고, 그 일로 돈을 벌 수 있는 사람은
정말 천운을 타고난 사람이라고 생각해요.

만약 이 중에 하나가 부족하다면 살짝 양보할 필요도 있죠. 그리고 저는 꽤 행운이 있는 편이라고 생각해요.

작업하다 슬럼프가 찾아온 적은 없나요?

몇 년 전 잠시 가죽에 지루함을 느낀 적이 있어요. 작업을 잠깐 쉬어야 하는 생각도 들더라고요. 나는 만드는 걸 좋아하는 사람인데 꼭 가죽으로만 작업을 해야 하는지 고민이 들었어요. 그때 우연히 아버지께서 몇 년 전에 제가 만들어서 선물해 드린 지갑을 수선해 달라면서 저에게 주셨어요. 당시에 고급 일제 가죽으로 만들어 드린 지갑이었는데 몇 년 동안 사용자에 맞게 길들어서 깊어진 가죽 질감에 신선한 충격을 받았어요. 여태까지 다른 사람의 조언에 의지하며 가죽을 만졌다면 이 가죽을 직접 확인하는 순간 아직 한참 멀었다고 깨달았어요. 이제야 가죽의 깊이를 이해하기 시작했는데 벌써 가죽을 놓을 수는 없다는 생각이 들었어요. 지금부터 시작인 거지요.

처음 공방을 시작하는 분에게 하고 싶은 조언이 있을까요?

지금 하고 싶은 일이 취미인지 직업인지 확실한 태도를 갖는 게 중요한 것 같아요. 명함을 팔 때 자신을 아티스트라고 할지 비즈니스 맨이라고 할지 생각해 보는 거죠. 그러면 좀 더 명확한 방향을 결정할 수 있을 거예요. 태도를 명확하게 할수록 그 태도가 제가 일에 임하는 방편을 마련해 주니까요.

사업 모델 설정은 어떻게 하는 것이 좋을까요?

수익 구조를 생각한다면 저렴한 소재를 사용하며 원가를 절감해야 하겠지요. 그리고 돈을 잘 벌기 위해서는 하나의 아이템만 고집하는 것보다는 대량 생산을 고민해 보는 것도 좋겠습니다. 또 한 가지는 반복을 두려워하지 않으면서 다양한 활동을 통해 경험을 쌓는 게 가장 중요해요. 지금 제가 알고 있는 지식도 일주일 후 되돌아보면 부끄러워질 때가 있어요. 제가 알게 되는 지식은 시간이 가면 갈수록 깊어지기도 깊어지지만 넓어지기도 하거든요.

공방 운영이나 작업에 아쉬운 점이 있을까요?

기록에 대한 부분이 아쉬워요. 젊었을 때는 제 기억력을 믿고 어차피 생각은 바뀔 거라는 가정하에 기록을 소홀히 한 적도 있었어요. 감정적으로는 추억일 수도 있겠지만 이성적으로 봤을 때는 기술에 대한 프로세스를 스스로 인지하고 있는 것이 좋거든요. 지금은 일 년에 한 권씩 책을 낼 계획으로 작업에 관한 글을

블로그에 쓰고 있어요. 매해 책으로 연감을
만들고 있습니다.

공방 대표　**권백규**
오픈　**2014**
위치　**서울시 용산구 한강대로 48길 21**
www.109leathers.com
instagram.com/109leathers

움직이는

재봉틀 공방

봉트리살롱

언제나 환한 웃음으로 맞이해 주는
봉트리살롱Bongtreesalon 김윤주 대표는
성장하려는 열정을 항상 잊지 않는다.
주부들이 모여 재봉틀을 배우는 공방에서
재봉 과일 장난감 '푸루토'를 만드는 것을
시작으로 점차 기업형 공방으로 성장했다.
어떤 방식으로든 가르치는 수강생들이
잘 따라올 수 있도록 선례를 보여주고
다양한 행사와 모임을 통해 초심을 잃지
않으며 자기만의 일을 이끄는 방법을
제시한다.

움직이는 공방이라니 독특해요.
공방 소개를 부탁드립니다.
연남동에서 봉트리살롱을 운영하고
있습니다. 은행에서 근무하다가 육아로
인해 직장을 그만두고 취미로 퀼트를
배우다가 재봉틀 공방을 열게 되었습니다.

직장 생활과 공방 자영업을 오래 하다 보니
좋아하는 여행 한 번 가기가 힘들더라고요.
그래서 개인 생활도 보내면서 일도 같이
할 수 있는 일을 구상하게 되었습니다.
공방을 움직여서 멀리 있는 분들도
만나고 싶은 마음에 로고를 캠핑카로 만든
움직이는 공방을 만들게 되었습니다.

재봉틀 공방이라니 흥미로워요.

재봉을 하려면 재봉틀이 집에 있어야
하는데 아무래도 모든 가정에서
구비하기는 힘들어요. 컴퓨터는 있는데
왜 재봉틀은 없지, 라는 생각에서 시작한
봉트리살롱은 시간제로 재봉틀을 사용할
수 있어요. 패션을 전공하는데 집에
재봉틀이 없는 학생, 딸의 옷을 만들기
위해 찾아오는 어머니 등 재봉틀이 고픈
분들이 많았어요. 공방을 찾아오게 만드는
방법은 참 다양한 것 같아요. 기회만 된다면
앞으로도 다양한 시도를 하고 싶어요.

**공방 프로그램 중 '우공방(우리 공방이나
할까?)'은 어떤 프로그램인가요?**

한 땀 한 땀 바느질하는 퀼트를 하다가
재봉틀을 시작하니 재봉틀 하나만 있으면
뭐든 만들 수 있을 것 같더라고요. 공방을
운영하다 보니 저처럼 경력 단절된 많은
여성을 만날 수 있었어요. 그들이 무언가
다시 시작할 때 재봉틀이 도움이 되었으면
하는 바람이 들었죠. 젊은 사람들만

창업하라는 법이 있을까요? 지금부터라도
시작해서 꾸준히 하다 보면 경력이 쌓이고
나이가 들어도 오랫동안 할 수 있는
일이니까요. 벌써 26기수를 넘어가네요.
그중 1/3은 공방을 오픈했어요. 각종
도구를 다루고 재봉틀 청소, 원단을
감각적으로 만지는 강의부터 SNS로
홍보하는 일까지. 마지막 수업은 연남동
편집숍에 방문해 구매자의 자세로 물건을
살피는 방법도 익힙니다. 일 년에 한 번은
홈커밍 데이를 만들어 함께 플리마켓도
열고 평소의 고민을 나누기도 하지요.

**앞으로 다른 운영 방식도 꿈꾸고
계신가요?**

공방을 운영하는 건 생각보다 힘든
일이에요. 십 년 후에는 공방 이름에 담긴
것처럼 예쁜 캠핑카를 만들어 전국으로
다니고 있을 거예요. 미래의 공방은 바느질
회사가 되어 바느질로 일하고 싶은 분들과
함께 일하고 있을 것이고 푸루토 패브릭
과일 장난감 브랜드가 성장해서 해외
전시도 나가고 싶어요.

**공방을 운영하면서 가장 좋은 점은
무엇인가요?**

내가 좋아하는 일을 언제나 누구의
방해도 받지 않고 할 수 있는 공간이
있다는 것입니다. 가끔 직원들이 퇴근하고
모두가 쉴 때 공방에 혼자 남아 잔업을

해요. 조용한 공방에서 천을 재단하거나
공방의 다음 스텝을 고민하는 시간은 정말
소중해요.

**공방을 오래 운영했는데 어떤 점이 가장
힘들었나요?**

월급처럼 지속적인 수익 구조가 없는 점이
가장 힘들었어요. 유익한 수업을 공들여서
만들어도 알아봐주는 사람이 없으면
수익으로 연결이 안 돼요. 매출이 좋을
때도 있지만 그렇지 않은 때도 있으니 항상
대비 하는 것이 필수지요. 트렌드에 맞춰
비즈니스 모델을 바꾸기도 쉽지 않았어요.

공방을 운영하며 보람찬 일도 있을까요?

입양 아동을 돌보는 복지회관에서
일하는 수강생이 아이들이 누워 있는
누빔 매트가 많이 낡았다며 한번
만들어보고 싶다고 찾아왔어요. 이왕
하는 거 힘을 합쳐야겠다는 생각에 함께
만들자고 블로그에 공유했고 100여 개의
댓글이 달리면서 개인적으로도 만들어
보내주겠다는 댓글이 쇄도했어요.
그 이후로 매년 누빔 매트를 함께 만들어서
기부하고 있습니다. 포스팅을 보고는
원단이 많이 남았다며 원단을 기부해 주는
분들도 계셨어요. 이렇게 함께 좋은 일을 할
수 있다는 게 어쩌면 공방의 힘든 일을 잊게
해주는 계기가 되는 것 같습니다.

공방 대표 **김윤주**

오픈 **2004**

위치 **서울시 마포구 성미산로26길 29**

blog.naver.com/beaver55

instagram.com/beaver555

에필로그 :

오늘도 공방 문을 열었습니다.

20대 때 나는 조급한 모습뿐이었습니다. 어제보다 오늘이 나아야 할 것 같았고, 내일은 오늘보다 멋져야 한다는 압박감에 스스로를 늘 다그쳤습니다. '숙면하는 법'을 검색해 잠을 줄여서라도 무언가를 이루고자 했고, 누군가에게 쫓기듯 일하고 도전했습니다.

하지만 공방을 운영하면서 생활의 리듬을 찾고, 생각도 바뀌었습니다. 지금의 나는 내일도 오늘 정도만큼만 괜찮기를 바랍니다. 아침이면 공방 문을 열고 오픈 시간을 알리는 입간판을 내걸어 하루를 시작합니다. 매일 하던 업무 사이에 새로운 일을 고민하고, 생각지 않은 일들이 닥치면 차근차근 해결해 나가고 있습니다. 그렇게 하루를 마무리하면 어느새 저녁이 됩니다. 오늘도 꽤 괜찮았다고 되뇌며 자리를 탁탁 털고 일어나 공방의 문을 닫습니다.

차근차근 오래 가는 작은 가게 만들기

오늘도
공방으로
출근
합니다

초판 1쇄 인쇄 2020년 1월 15일
초판 3쇄 발행 2022년 4월 26일

지은이   이명성
펴낸이   이준경
편집장   이찬희
책임편집   김아영
편집   김한솔
책임디자인 정미정
디자인   김정현
마케팅   양지환
펴낸곳   (주)영진미디어

출판 등록   2011년 1월 6일 제406-2011-000003호
주소   경기도 파주시 문발로 242 (주)영진미디어
전화   031-955-4955
팩스   031-955-4959

홈페이지   www.yjbooks.com
이메일   book@yjmedia.net
ISBN   978-89-98656-93-5 13590
값   15,000원

이 도서의 국립중앙도서관 출판시도서목록 (CIP)은 서지정보유통지원시스템 홈페이지 (http://seoji.nl.go.kr)와
국가자료공동목록시스템 (http://www.nl.go.kr/kolisnet)에서 이용하실 수 있습니다. (CIP제어번호 : CIP2019053494)